les noms et les mots

Collection « encre marine »
ISBN : 978-2-35088-000-6

Introduction

DANS LES LIGNES qui suivent, nous tentons de réfléchir sur les mots ; nous risquons d'ailleurs de nous heurter aux divers linguistes (phonéticiens, grammairiens, sémiologue, lexicographe) plus compétents que nous en ce domaine, mais il fallait bien développer aussi une perspective philosophique qui prolonge leurs savants travaux ; sans qu'il soit question de les compléter, nous ne demandons qu'à ajouter une pierre à l'édifice. Pourquoi les mots ? Pourquoi ce thème ? Et il surprend d'autant qu'il vient après tant d'autres, à tel point que nous sombrons dans la dispersion (le tohu-bohu).

Sans plus attendre, nous tenons à écarter cette objection. Dans le passé, en effet, à travers plusieurs problèmes, nous avons valorisé l'extériorité – ce que le philosophe a sans doute trop délaissé. Ou bien la seule surface : l'enveloppe mérite d'être relevée et réfléchie, car elle enferme en elle de riches significations à découvrir, ce qu'elle doit d'ailleurs à son statut, celui de l'interfacialité ; elle se situe entre le dedans et le dehors, elle traduit l'un et occupe l'autre. Ou bien – autre attitude proche de la précédente –, si nous scrutons assez cet « apparaître », nous discernerons en lui du sous-jacent jusqu'ici occulté. Dans les deux cas, qui se confondent, la périphérie en devient un lieu philosophique, là où nous trouverons le mieux et le plus.

Pour rappeler des livres de notre passé, qui douterait que la propriété, la technique, la corporéité, la marchandise même (en dépit d'un aspect hétéroclite, le grand Bazar) ne puissent constituer un champ problématique que nous avons occupé ? Or, les mots méritent, plus que tout autre, d'y entrer.

Nous avons toujours rappelé ce qui pouvait justifier nos développements : reconnaître un spirituel qui sourd d'une matérialité complexe ou, à l'inverse, ne pas manquer la matérialité qui leste le spirituel. Pour l'exposer autrement, nous avons veillé à ne pas séparer l'âme et le corps ; nous croyons même avoir montré en quelle région ce corps donne à voir plus nettement le psychisme qui l'habite. En toute hypothèse, il n'est rien, autant que les mots, qui allient les deux mondes. Aussi nous ne pouvions, tôt ou tard, éviter de les commenter.

Au départ, nous pensons que le sujet est centré sur lui, enfermé en lui. S'il lui faut échanger et communiquer, il recourt à des gestes. Il est vrai que nous accordons beaucoup d'importance à la psychomotricicité : le désir, par exemple, passe par une frénésie (amortie). À travers une discrète pantomime, le dehors se met au service du dedans. Mais le plus notable, c'est que viendra, après une longue période d'accoutumance à cette manœuvre, le temps où les mots la remplaceront avantageusement ; l'intérieur sera auto-analysé avec les outils qui auront été expérimentés au dehors, dans l'intersubjectivité. Qu'est-ce que penser, en effet, sinon parler – soi-même avec soi-même ? Finalement, le dehors permet au dehors de se réfléchir. Non que les champs se compénètrent et se brouillent, mais l'un a permis à l'autre de se constituer.

Certains philosophes n'accepteront pas – nous le supposons – ce renversement par lequel la réflexion aurait pris naissance à la suite d'une ancienne et minime agitation, bien que significative. Ils verront là une sorte de sacrilège, mais le philosophe peut-il échapper à un pur mentalisme ? Il a d'ailleurs cru pouvoir disposer la pensée avant le langage, le cogito assurant cette prééminence. Mais nous ne devons pas prendre pour l'essence la qualité par laquelle celle-ci se manifeste. N'hypostasions pas la réflexion et ne la privons pas de ce qu'il a généré ! Bref, une pensée qui se penserait elle-même, en l'absence de tout contenu, relève du fantasme. Et nous ne voyons pas ce que le philosophe gagne à refuser d'assister à un engendrement et au dépassement d'un état antérieur (la conscience et le mouvement) qui déjà assurait une communication.

On devrait mieux comprendre pourquoi nous avons élu ce thème de l'existence et de la nature des mots : non seulement ils fonctionnent au dehors, venus de lui, mais ils revivent au dedans qu'ils constituent. Nos ruminations les plus secrètes correspondent à un parler incessant, un langage quasi muet. Une microphysiologie a montré – courbes en main – que le sujet, dans le silence et la solitude, ne cessait de s'agiter – une fièvre motrice imperceptible parce qu'empêchée. Les lèvres bougent (à peine), les mains ne restent pas en place. Il s'agit là sans doute du résidu d'un lointain passé (au tout début, la danse et des attitudes) mais aussi d'une participation corporelle qui subsiste, parce qu'elle donne à la parole son ancrage. Celui qui refuse ce genre d'explication ressemble à l'hirondelle (de Kant) qui devait croire qu'en l'absence d'air, elle se déplacerait plus facilement et n'éprouverait aucune résistance. Les mots eux aussi volent au dehors et rendent possible la constitution et l'examen du dedans.

Les objections contre cette explication généalogique vont pleuvoir ; nous imaginons celle-ci rudimentaire : les animaux, eux aussi, échangent entre eux des informations mais nous ne leur accorderons pas pour autant l'exploit de la conscience et de la pensée. L'abeille apprend de ses semblables (des sentinelles) le lieu où elles pourront butiner ; elles leur indiquent non seulement l'endroit mais aussi la direction et la distance. Notre thèse ne manquera pas de distinguer une stratégie de signalement et une parole qui expose le réel et nous éclaire sur lui (une démarche ontologisante, puisque les lettres et les sons nous donneront un substitut de la chose, enfin reconnue et même distinguée).

Nous ajoutons un argument de poids qui devrait consolider notre point de vue ; il appartient au philosophe de le mettre en avant car il concerne le côté anthropologique des mots – un domaine que la linguistique n'a pas assez pris en compte. Comment concevoir la guérison des principales névroses grâce à la seule parole ? Ou comment le fait de « dire » peut-il apaiser et même délivrer l'aliéné de ce qui le tourmente ? Souvent le thérapeute reconnaît la guérison mais il ne l'explique pas toujours.

Nous croyons que les mots, de par leur nature, travaillent à l'externalisation du trouble. Le transfert de ce dernier lui enlève sa violence ; c'est comme si l'on enlevait ses chaînes au prisonnier. Nous en revenons à la théorie du « parler, c'est déjà penser » et penser le pathologique oblige à s'en séparer, puisqu'on l'expose. Il en sort déraciné, il lui faut quitter l'intériorité qui l'entretenait.

S'il est vrai que le « dedans » se projette au « dehors », pour avertir des besoins et des désirs, et que le « dehors » revient sur le « dedans » pour le constituer et l'animer, l'examen de ce mouvement fondateur, à travers son arme souveraine (les mots) s'imposait. Nous n'avons donc pas cédé à l'hétéroclite.

Toutes les questions qu'entraînent les noms et les mots n'ont pas été abordées ; nous nous en tiendrons à trois d'entre elles. Préalablement, une « déviation » que nous reconnaissons s'imposait à nous, relativement au dictionnaire et aux Traités ; il est possible que le linguiste l'accepte d'autant moins qu'elle concerne la base de sa systématique, celle qui préside à l'ensemble de sa lexicographie.

En effet, classiquement, on distingue les mots (un adverbe, un article, etc.) des noms, soit qu'ils prennent en compte les personnes, les noms propres (*n.p.*), soit qu'ils s'attachent à des objets, les noms communs (*n.c.*). Or, nous n'avons pas admis ce découpage, n'appliquant le nom qu'aux seules personnes, réservant « les mots » aux choses. Nous souhaitions creuser l'écart entre ces deux sous-groupes et tenions à ne pas les trop rapprocher, puisqu'ils appartenaient, selon nous, à deux domaines opposés. Nous y reviendrons par la suite, mais l'appellation d'un individu ne se compare pas à celle qui porte sur une marchandise. En conséquence, nous consacrons un chapitre aux noms et le suivant à son antonyme, même si, de temps en temps, il arrive que les deux vocables se mêlent, la séparation s'amenuisant (avec les éponymes). Logiquement, il pourrait m'être demandé de remanier davantage la grille, puisque les « mots » sont réservés aux seules choses. Comment alors désigner les anciens articles, adverbes, conjonctions, etc. qui forment un sous-groupe autonome ? Nous proposons le terme d'« adjuvants », et on pourrait y ajouter « grammaticaux ».

Le linguiste protestera probablement mais nous revendiquons le droit à répartir, du moment que nous intégrons, dans notre nouvel ensemble séparatif, toutes les unités, à travers des divisions sensiblement égales.

Premier problème, parmi ceux qui ont été retenus : les noms et les mots ont été, à leur façon, sexualisés. À quoi peut bien correspondre cette surprenante dualité puisque nous distinguons le genre, soit masculin, soit féminin. Déjà, nous ne partageons pas ici l'opinion de ceux qui voudraient remettre en cause la partition – la nuit, de genre féminin, passerait au masculin alors que le jour, son égal, subirait l'inverse.

Il nous semble que la vraie raison de cette binarité sert à enrichir le monde des mots et à étendre leur puissance. En effet, supposons que, dans une classe d'élèves, je tienne à féliciter le premier ainsi que la première. À l'aide du même radical (la notion de premier), je me réfère cependant à deux positions antagonistes mais aussi complémentaires. C'est que le lexique doit résoudre une question ardue – fabriquer des pluralités qui n'entament pas l'unité, ou encore intensifier l'unité, mais plus encore les différences. Le décideur (la sexualité) crée alors un écart dans ou malgré la similitude. Certains langages vont encore un peu plus loin : le mot s'écrit au masculin quand il est singulier mais féminin au pluriel (tel l'amour, nous dirons un amour devenu passion et les amours interdites). Le même et l'autre arrivent ici à coïncider. Comment expliquer pareille situation qui irrégularise les locutions ? Nous suivons ici un grammairien, du Marsais, qui est entré dans la forêt des mots et devait en recenser les tours obliques. S'il reconnaît l'existence des singuliers et des pluriels, il accorde une place aux « singuliers et pluriels ». Quand nous disons, dans une phrase « la plupart des hommes », le verbe qui suivra devra s'accorder avec « les hommes », non avec « la plupart » (le singulier). Autre syllepse : « Le mot de personne qui grammaticalement est du genre féminin se trouve souvent suivi de *il* ou *ils* au masculin, parce qu'alors on a dans l'esprit l'homme ou les hommes dont on parle qui sont physiquement du genre masculin.[1] » En somme, il faut obéir à l'esprit, non pas à la lettre, afin de comprendre. Un autre langage infiltre le langage ordinaire, le démultiplie ; il répond alors à sa logique, le maximum avec le minimum. Nous croyons comprendre, mais ce n'est là qu'une hypothèse : si nous disposons de « a » et de « b », nous ne manquerons pas, sans désorganiser le système, de nous procurer un a plus b.

1. Du Marsais, « De la construction grammaticale », in *Logique et Principes de grammaire*, Paris, 1769, p. 275.

Autre difficulté et seconde question : pourquoi avoir délaissé, dans ce texte, les nomenclatures scientifiques, tenues pour être les plus pertinentes, celles qui auraient consolidé nos définitions ? En présence d'un réel débordant, les disciplines expérimentales parviennent à le maîtriser et la juste dénomination s'ensuivra ; elle participera à l'opération ; elle correspondra à un emplacement dans le groupe ou les séries. Mieux, nous irons, avec elle, jusqu'à prévoir les éléments d'en haut, ceux d'en bas, ceux d'à côté, tous ceux qui l'entourent. Le nom irait ici plus loin que lui-même puisqu'il laisserait apercevoir les bases du réseau, en minéralogie, chimie, zoologie, pathologie ; il faudrait même inclure, dans ce vaste ensemble, l'ethnologie et la sociologie.

L'un de ceux qui ont le plus marché dans cette direction – Lavoisier – devait accorder aux mots savants une capacité heuristique. Rien qu'à les entendre (ou à les lire), nous étions invités à tirer d'eux leurs propriétés ; de là, ces célèbres formules : « Celui qui connaît le mot connaît la chose » ou encore « une science n'est qu'une langue bien faite ».

Il est vrai que la réalisation largement esquissée ne correspond pas à ce qui était annoncé : le simple azote (déjà son synonyme, le nitre ou l'acide nitreux, brouille la détermination du fait de ce doublement) renvoie moins à du substantiel qu'à la capacité d'entretenir la vie (la respiration). Le chimiste, au lieu d'identifier cet élément en puisant en lui-même, a retenu un besoin physiologique, en dehors des frontières de sa discipline. De même, l'oxygène est désigné comme l'agent de l'acidification, mais l'acide chlorhydrique démentira pareille idée, puisqu'il ne contient pas ce gaz, bien qu'acide.

Contrairement à l'opinion, la nomination scientifique conduit droit à l'échec car, si l'on s'y consacrait, il faudrait sans cesse revoir les appellations parce que la science en mouvement bouleverse la grille énonciatrice. En outre, à se soucier de tous les corps (la nomination en résulte, puisqu'elle correspond à un emplacement réservé) on finit par n'en étudier aucun. La science n'avance que dans l'hyper-spécialisation, plus qu'à travers la généralisation ou le rassemblement.

Nous n'ignorons pas les limites épistémologiques du problème de l'extériorisation, encore que nous connaissions avec elle les débuts d'une systématisation qui ne laissera pas indifférent l'historien des sciences.

La troisième question que nous avons annoncée – la plus redoutable – nous oblige à aborder une querelle sans fin : quel *medium* (langagier) reconnaissons-nous comme le plus performant, l'oral ou l'écrit ? Allons-nous confier les mots à l'oreille ou à l'œil ?

Dans le passé, l'imprimerie a subitement avantagé le scriptural avec Gutenberg et ses caractères, les lettres de l'alphabet qui marquent le papier, sans le briser. Mais la voix, aussitôt prononcée, se perdait, s'envolait. Le livre finira par triompher, mais la revanche ne tardera pas : la radio, le téléphone notamment assurent à la parole un commencement d'infinitisation. L'actuel « portable » n'est plus arrêté par l'éloignement de l'interlocuteur ; désormais l'on parle de n'importe quel endroit et nous rejoignons les plus lointains (d'ailleurs, ce téléphone portable ajoute une victoire à la précédente : avec lui, l'échange ayant lieu aussi bien dans la rue que dans un lieu public, s'extériorise l'intimité du dedans).

La tempête a privilégié la parole ; de leur côté, les CD (les compact-disques) et les DVD (les digital vidéo-disques) enregistrent et conservent : la voix ou le chant peuvent désormais être préservés, voire opposés aux livres, lourds, rétifs à la circulation. La binarisation des données les comprime et les rend indestructibles, alors que le livre se détériore à l'usage et que le papier jaunit.

Mais, nous, philosophe, nous continuons à vénérer le texte, l'écriture. La parole nous paraît liée à l'émotivité, à la spontanéité, à « l'ici et maintenant », alors que le scriptural repose sur l'organisation et la réflexion.

Mais nous privilégions une autre réponse, grâce à laquelle la guerre cessera, encore que notre solution convienne surtout en philosophie mais nous n'excluons pas qu'elle puisse se généraliser. Pour être assuré de notre armistice – la fin de cette bataille séculaire –, il faudrait interroger un médiologue (Régis Debray) qui rendrait un verdict plus sûr que celui de notre thèse réconciliatrice.

Dans et pour le savoir philosophique, nous n'écrivons que ce qui a d'abord été enseigné et expérimenté (est venu le temps des professeurs mais ils prenaient la suite des théologiens ou des théoriciens du pouvoir). Par là, nous retrouvons et appliquons notre principe premier et génératif : « Penser, c'est parler avec soi-même » mais le penseur, s'il ne parle pas avec lui, gagnera à parler avec ses disciples (la discussion) ou même ses élèves. Il rédigera ensuite ses pages, car ici l'écrit relaye l'oral, le reprend et le revoit ; ce dernier n'en revêt que plus de force.

En voici une preuve supplémentaire et étonnante : lorsque le théoricien-philosophe s'enferme dans l'érudition ou quand il s'emprisonne dans son « poêle » (là où il loge) et en tire les rideaux (Malebranche le demande), il va entrer dans l'épreuve de la stérilité. Il a perdu le contact avec le grand-livre du Monde (il croit trouver en lui ses racines) et ne bénéficie plus du « discours » et des mots, les fruits de la pensée, ou, plus exactement, leur générateur. Le pur et seul cogito illustre ce que nous tenons pour une impasse. Heureusement, le langage continue à adhérer et n'obéit pas à la violence d'un doute généralisé.

Nous avons répondu aux trois questions soulevées mais le texte qui suit sera confronté à bien d'autres, car nous entrons dans un domaine où abondent les controverses.

Chapitre I

Les noms seuls

A PLUSIEURS REPRISES, dans le passé, nous avons exposé et défendu la thèse cratylienne, selon laquelle l'appellation, sans redoubler ou mimer la chose, ne manquait pas de l'exprimer ; elle ne relève donc pas de la simple convention ou de l'arbitraire. De même, l'étiquette, apposée sur une marchandise, nous informe de sa composition, ainsi que de son emploi. Nous ne tenons pas ces indications pour futiles ou insignifiantes. Mais comme les marchés se mondialisent, les denrées s'exportent et doivent voyager d'un continent à l'autre, dans ces conditions, il faut prévoir un code international qui puisse renseigner les éventuels acheteurs – des pictogrammes qui nous avertissent du lieu de la fabrication ainsi que de ses qualités spécifiques. Ces graphes abstraits traduisent, à leur façon, la nature de la marchandise. Nous ne doutons pas ici d'une certaine congruence entre l'information et le produit. Mais la simple et seule désignation de ce qui a été fabriqué – une deuxième indication qui s'ajoute à la première (la dénotation commerciale) – nous éclaire encore afin que, en présence de ce qui est « nommé », nous ne soyons pas désarmés ni tenus en dehors de ce que nous allons nous approprier.

Le linguiste s'oppose à cette thèse, celle d'un néo-cratylisme : les mots ont noué des liens avec la chose, bien qu'ils ne la reflètent pas (l'onomatopée), sauf dans quelques cas assez rares, le tohu-bohu, le patatras, par exemple. Nous verrons que les « onoma » vont si loin (dans l'apparaître sonore) que nous pouvons reprendre la notation que Platon prête à Cratyle, « connaître le nom, c'est connaître la chose ». Il est vrai que le même Platon devait montrer que n'importe quelle appellation donne dans la bivalence : elle dit tout et son contraire, ce qui favorise les jeux sophistiques. « On aurait beau apprendre beaucoup de choses de ce genre ou même les apprendre toutes, on n'en connaîtrait pas davantage la nature des objets. On n'y gagnerait que la facilité de badiner avec les gens, en utilisant les diverses acceptions d'un mot pour leur donner des crocs-en-jambe et les renverser, comme ceux qui s'amusent à retirer leur chaise à ceux qui vont s'asseoir et rient de les voir étendus sur le dos.[1] »

Il ne suffit pas cependant que nous entendions la voix (les sons) pour que nous entrions dans le royaume de la connaissance. Il conviendra que nous scrutions le substantif correspondant à la substance, en interrogeant et aussi en retraçant une évolution qui a pu le transformer.

Nous nous proposons d'aller plus loin, dans un développement audacieux et sans doute insoutenable ; et la corde pourrait vite casser tant elle est soumise à trop de tension. Nous souhaitons cependant étendre notre néo-cratylisme de telle manière qu'il ne concerne plus seulement les choses (*verba*) mais les personnes

1. Platon, *Euthydème*, 278b.

(*nomina*). Déjà nous reconnaissons que la distinction souvent s'estompe, lorsque le « nom » désigne un lieu, ou un événement ; il devient vite un mot (ainsi un « christ » en bronze ou c'est du Mozart !). Mais, pour les uns comme pour les autres, nous nous emploierons à soutenir le principe souverain de l'inséparabilité entre le signifiant et le signifié, à tel point que celui-ci transparaît dans celui-là (une onomastique large).

D'abord, qu'est-ce que le nom ou comment le comprendre ? Le juriste, qui en règle le fonctionnement dans la mesure où il conditionne le jeu social, risque d'apercevoir dans ce « fichage » un moyen pour l'État d'assurer le contrôle de la population, mais nous ne partageons pas cette conception d'une administration quasi policière. Nous ne participerons pas à la dénonciation, tant il nous semble juste qu'un service puisse localiser et identifier ses subordonnés. Nous voyons même là un dispositif gestionnaire particulièrement indispensable.

Le temps d'une non-identification ne saurait cependant, selon le Code civil, durer plus de trois jours, et encore ne sont-ils accordés que par nécessité, au compte-gouttes, mais on imagine les parents (les géniteurs) très occupés et peu soucieux d'effectuer cette démarche sociorégulatrice.

Nous avons été frappé qu'au cours d'un procès (en marge de notre problème) un fœtus ait été tenu pour une personne et que, par suite, il mérite une part de l'héritage de l'un de ses ancêtres. N'est-ce pas la preuve d'une existence, en dépit du fait d'une non-naissance, ou l'existence reconnue à un non-existant ? Est-ce qu'ici le tribunal ne contredit pas sa propre doctrine ? Il n'est pas exclu qu'en appel il faudra revenir sur ce jugement et remanier la réglementation que les Latins avaient déjà secouée (« *Infans conceptus pro nato habetur* »[1]).

1. Traduction : « L'enfant conçu est tenu pour né. »

Les parents sont donc tenus à déclarer la naissance de leur enfant à l'officier de l'état civil – le représentant de la société (une sorte de baptême laïque) –, ainsi que le lieu de son habitation, le jour et même l'heure de cette venue au monde, le sexe aussi, ainsi que les prénoms qui accompagneront « le nom du père ».

Sans entrer dans le vaste problème de la filiation – une forêt –, il nous faut reconnaître plusieurs situations, à la fois proches et distinctes, riches de conséquences. Selon les cas, le nouveau-né recevra soit le nom du père, soit celui de la mère, soit ni l'un ni l'autre parce qu'alors abandonné (non reconnu par ses parents) ; mais ce dernier n'en a pas moins le droit à l'enregistrement désignatif, ainsi qu'à la cérémonie qui concerne tous les autres. Il reviendra à l'officier de l'état civil de lui choisir le nom qu'il portera, évitant de lui donner celui d'une famille existante, car on refuse l'homonymie. Il se pourrait que l'on mêle à dessein le nom et le prénom (Pierre ou Jacques ou Jean, voire Jeanjean), que l'on se situe entre les deux pour éviter toute ressemblance et surtout pour conserver un mince écart patronymique, indicateur de l'état.

Reconnaissons, au passage, les complications liées à la filiation : nous distinguons d'abord l'enfant dit naturel simple, né d'un père et d'une mère non unis par le mariage et bien qu'il n'existe aucun empêchement à cette union. Comptons ensuite l'adultérin : ici encore, les parents ne sont pas mariés mais ils ne le peuvent pas, puisque l'un des deux est engagé dans des liens avec un tiers. Mentionnons l'incestueux, là où existe un empêchement d'un autre type, qui vient de la parenté (du genre oncle et nièce). Ajoutons-y l'enfant adopté, soit par le couple, soit par l'un des deux parents.

Selon la nature de la filiation (non naturelle) changent les droits reconnus à l'enfant ; plusieurs réformes ont aboli ce qui les limitait, mais nous évoquons deux situations actuelles qui vont surcharger la question et remettre en cause le problème de la « désignation » (ou le nom, par trop minimisé et désontologisé).

L'IAD (l'insémination avec le sperme d'un donneur anonyme) est pratiquée ici ou là ; est-ce que l'enfant qui en résultera sera référé à son père biologique (mais il l'ignore) ou à son père, celui qui est chargé de son éducation, le seul qu'il connaisse, un père que le droit ne tient pas vraiment pour son père véritable (il reste fixé à la loi du sang, un attachement qui correspond à sa philosophie générale, celle qui valorise la « facticité ») ? Et la question se pose même de savoir si l'on permettra au fils « de rechercher la paternité » et si l'on pourra en tenir compte, ce qui paraît difficile sans le consentement des parents. Et l'on se heurtera encore au principe sur lequel nous reviendrons, et qui s'oppose au changement consécutif d'appellation.

Autre embarras : celui qui naît lors d'un voyage aérien, où faut-il l'inscrire ? Devra-t-il prendre la nationalité du pays qu'il traverse (la loi du sol) ou s'inspirer de ses parents (la loi du sang) ? Il peut en résulter de lourdes conséquences.

Le Code civil – ce texte que Stendhal tenait pour le plus diversifié et le plus récréatif – est allé jusqu'à examiner cette dernière occurrence (du moins une semblable) avec l'article 59. « En cas de naissance pendant un voyage maritime, il en sera dressé acte dans les trois jours de l'accouchement, sur la déclaration du père, s'il est à bord. » Nous renonçons à commenter la suite qui prévoit les moindres singularités de la situation. Pourquoi insister sur « le père à bord » ? Le droit révèle ici l'un de ses aspects : l'importance qu'il accorde aux « faits », et c'est pourquoi un témoignage ne vaut que si celui qui le rapporte l'a observé directement ou indirectement.

Lorsque cette exigence de la présence ne peut pas être prise en compte, dans la vie courante, il reviendra au médecin ou à la sage-femme ou à toute autre personne qui aura participé à l'accouchement ou qui y aura assisté d'en assurer la déclaration ; au passage, on notera que le médecin aura été ici délivré du secret professionnel.

Mais, au sujet du bateau, deux cas sont prévus : ou bien le vaisseau est immobilisé au port, à l'étranger, et il faudra en appeler à un membre du corps consulaire, investi des fonctions d'officier de l'état civil ; ou bien le bateau navigue en pleine mer, le commandant rédigera l'acte et le signera. Nous transcrivons ces détails afin de mettre en lumière la minutie méthodologique du Code civil. Non que le droit se perde dans l'anecdotique mais il tient, malgré l'étendue du circonstanciel, à sauver le principe ou à assurer la rationalité de l'idée régulatrice ; en outre, il met tout en œuvre pour que soient évitées la substitution d'un enfant à un autre ou toute autre manœuvre qui compromettrait la filiation réelle.

Mais notre lecteur ne pourra sans doute pas nous suivre, car est-il concevable que l'on puisse trouver une quelconque liaison entre une personne (M. Dupont) et le nom patronymique ? Certes, il est probable que l'un de ses lointains ancêtres a dû naître non loin de la rivière, ou de la route ou de la vallée – tout ce qu'enjambent un pont ou même une passerelle – ; le lien ne va pas au-delà d'une possible utilisation ou d'une juxtaposition. Nous ne pouvons même pas en retenir l'idée selon laquelle un ancêtre de M. Dupont a excellé dans la communication ou l'échange ; on risque ici de s'adonner à la rêverie, à l'éloge de l'anti-frontière.

Nous nous bornerons, plus modestement, à penser que le nom plonge dans un lointain passé et renvoie à l'autarcie d'un village. Il évoque l'emplacement (Dupont, Dumont, Laplace) ou une région (Picard) ou un métier (Charron, Cordier), tout ce qui signifie une « fixité » (un repère) ; parfois il s'en tient à une particularité (Gros, Leborgne) mais nous voyons, dans ce dernier cas, moins un dénigrement ou une méchanceté que l'effet de la malice qui souligne une anomalie. Ce qui ne facilite pas cette topo-analyse, c'est que les noms s'émancipent vite de leur forme première – Meunier donnera rapidement Monier et Didier glissera dans Diderot. La plupart des appellations premières impliquent une organisation ou du moins une atmosphère de ruralité : cet enracinement dans un terroir (un territoire) ne manque pas de pittoresque ; il nous éloigne de l'artificiel, certains noms enfermant en eux une primitivité communautaire.

Mais nous tenterons d'aller plus loin, tablant non plus sur le signifié implicite mais sur l'expressivité du signifiant. Nous maintiendrons l'existence d'un rapport entre le nom et la personne, bien que semblable similitude n'égale pas celle qui solidarise les choses et les mots.

Nous suivons Marcel Proust qui a consacré cette méthode et l'a appliquée : à partir de la seule prononciation – d'un personnage et surtout du nom d'une ville ou d'un paysage –, il tire une moisson d'images et d'informations. L'être est inscrit implicitement dans les plis des sons qui les désignent.

« Les noms présentent des personnes et des villes qu'ils nous habituent à croire individuelles, uniques comme des personnes, une image confuse qui tire d'eux, de leur sonorité éclatante ou sombre, la couleur dont elle est peinte uniformément... Le nom de Parme m'apparaissait compact, lisse, mauve et doux... Je l'imaginais (cette ville d'Italie) à l'aide de cette syllabe lourde du nom de Parme, où ne circule aucun air.[1] »

Assurément, le lecteur verra là des développements imaginaires, d'un pur lyrisme et sans aucun fondement, encore que Proust ne néglige rien de ce qui relève d'un examen topographique. Et il suffit à l'écrivain de consulter « un indicateur des chemins de fer » – un « système immense d'une puissance attractive

1. M. Proust, *À la recherche du temps perdu, O.C.*, « Bibliothèque de la Pléiade », Gallimard, t. I, p. 380 (troisième partie, « Noms de pays ; le Nom »).

comme n'en possède aucun livre, aucun ouvrage littéraire »[1]. L'unicité s'est réfugiée dans le nom, alors que tout ce que nous avons pu recevoir de l'intelligence ou même des sens paraît sans valeur. De plus, ce qui complique la tâche de l'analyste vient de ce que les noms ont été convertis en mots, les êtres en choses ; on uniformise, on généralise, mais, selon Proust, seule la sonorité permet l'accession au merveilleux et à l'individualité.

Ainsi, les syllabes ouvertement hétéroclites de Balbec devancent la mer déchaînée qui vient jusqu'à l'Église (ou l'aspect disputeur de l'océan) et quant au clocher de Coutances, « il reçoit de cette grasse finale le luisant du beurre normand après avoir donné un sourire à tous les lieux naïfs et risibles »[2].

Proust nous aide à nous éloigner d'une certaine conception désignative – celle qui ne poursuit qu'un but signalétique qui ne songe qu'à encadrer le nouveau-né ou l'immigré (le fameux « sans-papier ») et à le localiser dans ses fichiers. Le nom de Dupont que nous avons retenu correspond à ce souhait, encore qu'il le ruine ; en effet, à cause de sa fréquence (le mal de l'homonymie), nous perdons ce que nous avions gagné (la clarté, avec une note topographique et surtout une indiscutable « francisation »). Il va falloir trouver le moyen de séparer et de distinguer les homologues.

Dès le Moyen Âge, l'Église d'abord, puis ultérieurement l'administration ont repris la stratégie des Latins qui ajoutaient à leur nom patronymique, le « *nomen* » porté par tous les membres de la famille (la *gens*), le « *prænomen* », un prénom propre à chaque individu et le « *cognomen* » qui correspondait à une branche de la famille. Cette triple désignation concernait plus spécialement les patriciens ; pour les autres – les plébéiens principalement –, on se contentait du nom, précédé du prénom. Comment ne pas s'inspirer de cette règle ? Les prénoms seront choisis parmi les saints

1. M. Proust, *À la recherche du temps perdu*, *op. cit.*, p. 957.
2. *Ibid.*, p. 958.

du calendrier chrétien (on remplace les appellations païennes) ou encore parmi les personnages qui ont illustré l'histoire. Vercingétorix aurait été admis mais Lucifer refusé, bien que l'on ait accepté des anges comme Gabriel ou Raphaël. Ce baptême civil devait peu à peu perdre son rituel moral ou religieux. Aurait été accepté, de nos jours, le nom d'un joueur de football. L'emporte l'extrême fantaisie. C'est probablement la crainte de l'homonymie qui a conduit l'onomaturge à retenir les dénominations cocasses. En présence de noms trop répandus, les prénoms se chargent de corriger leur banalité. Et la philosophie du repérage en sort fortifiée. Elle approuve au moins tacitement le déferlement de la bizarrerie.

Contrairement à une croyance généralement partagée, la dénomination ne va pas de soi : elle se heurte à de nombreux obstacles ; nous en avons déjà compté plusieurs, mais nous nous proposons d'en commenter de plus notables.

1/ Nous assistons à la diminution de nos moyens de réussir, du simple fait de la diminution du nombre des noms, ce qui conduit à la multiplication des homonymes et aussi, par voie de conséquence, au recours aux prénoms les plus étranges, afin d'obtenir un résultat franchement différentiel. Le « nom du père » – le marqueur de l'ancestralité et de l'unicité (la lignée) –, du fait de son importance, se trouve à l'origine de la désaffection de ce pilier.

Imaginons, en effet, une population de cinquante hommes et de cinquante femmes : ces dernières verront leurs noms disparaître avec le mariage qui les intègre dans leur nouvelle famille. Il se peut aussi que, sur les cinquante hommes, dix s'obstinent dans le célibat et que d'autres qui se marient ne donnent naissance qu'à des filles ; et il nous faut compter des couples stériles. Il en résulte un effacement du patrimoine patronymique, bien que l'on tente en vain de le compenser par la tempête des prénoms qui dérogent aux régies limitatives.

2/ Une autre difficulté embarrasse les administrateurs, les urbanistes et les sociologues branchés sur des problèmes liés aux populations. Pour sortir de l'impasse, a été créée une commission nationale de toponymie, qui comprend une trentaine de membres dont certains responsables de l'Institut géographique national (l'IGN), du Service topographique des armées, ainsi que des spécialistes de la cartographie et des listings. Il s'agit ici de fabriquer des néologismes praticables qui désignent des paysages, des régions et aussi des habitants.

Les gentilés des Alpes-Maritimes seront-ils appelés des « Maralpins », ceux de la Seine-Saint-Denis les « Séquanodionysiens » ou ceux des Bouches-du-Rhône des « Buccorhodaniens » ? L'invention d'un sigle entraîne avec lui des dérivés plus ou moins acceptables.

Problème, en effet, ardu : s'ajoute, à la charge de l'onomaturge, une nouvelle demande, celle d'un échange facilité ou d'une prononciation sans équivoque. La nomination ne saurait se désintéresser de la phonation ou de la graphie.

Nous sommes confronté au même problème lorsqu'il convient de « féminiser » des fonctions nouvelles ou même de simples « noms et prénoms » : est-ce que l'on pourra dire ou écrire les « auteures » (on dit bien les chercheuses) ou les « professeures », ou même les « cochères » qui ont, pour un temps, désigné les premières conductrices des fiacres ?

L'onomaturge est tenté par la facilité – un simple accolement (du type femmes-cadres, femmes-ingénieurs), la profession, généralement masculine, étant seulement ajoutée à la notation du genre féminin qui la porte. Le plus délicat, dans la construction des nouveaux néologismes, vient des suffixes, parce que ceux-ci, qui indiquent celle qui exerce le métier, introduisent parfois une note péjorative, encore que cette nuance dépréciative vienne plus de la profession que de la néo-désignation : le terminal *-euse* insinuerait de la dévalorisation, mais, en revanche, le *-trice* final (directrice) ou le *-esse* (doctoresse) obéiraient à une stricte neutralité.

Nous ne cachons pas notre préférence pour un « Madame le Directeur », ou « Madame le Chancelier », qui couplent les deux exigences contraires, celle de la profession ou du grade à celle qui l'assume. Précédemment (les femmes-cadres), nous ne pouvions compter que sur une addition, « un bout à bout », alors qu'ici nous avons uni les deux, le genre féminin reconnu et le masculin d'une fonction qui échappe rarement au masculin (la direction).

Mais quelques féministes résistent : nous devons, selon elles, continuer à appeler le gendarme, ou le sapeur-pompier par des syntagmes masculins, eux et quelques autres ; on tient pour inutile et diminutif de signaler un féminin sous-jacent à la fonction, ce qui affaiblit le prestige de celle qui l'exerce. Mais on peut voir aussi, dans le refus d'une dénomination adaptée à la situation, un comportement en faveur de la souveraineté du masculin.

3/ Nous ne pouvons pas toujours réussir ni recourir à des régles en vue d'une codification homogène, ni forger des « désignatifs » qui n'abritent pas la contestation.

Ainsi les Corses d'origine insulaire se reconnaissent entre eux par le fait que leur nom vient d'un prénom en quelque sorte substantivé (Paoli, Marceli, Alphonsi). Lorsqu'un nom propre devient un mot commun, il s'agit d'une perte ou d'une chute (un voltaire, par exemple, ne pointe plus en direction de l'écrivain mais indique un fauteuil à siège bas et à dossier élevé). En revanche, le passage du nom au prénom relève d'une opération valorisante. Les immigrés italiens (nombreux au XVIIIe siècle) ne bénéficient pas de ce dispositif.

Comment l'expliquer ? Est-ce un moyen d'assurer des liens entre les autochtones, qui échapperaient au système imposé par la métropole ? Il se pourrait plutôt que les insulaires manifestent par là leur refus des valeurs que le prénom implique (la religion des saints ou l'évocation des grands hommes de l'histoire – la réaction violente de la corsité rebelle). Et, à cet effet, ils brouillent la réglementation.

Nous imaginons sans peine l'objection à notre thèse, surtout de la part de celui qui confine l'appellation des personnes dans et pour une gestion efficace de la population (le « fichage »), alors que nous allons accorder à ce nom un pouvoir personnalisant, riche de nombreux effets (un être humain ne vit que nommé). Nous pensons obtenir quelques lueurs de connaissance et de reconnaissance à travers le nom qui désigne tel ou tel. Mais il n'est pas exclu que nous transposions alors sur ce nom ce que nous savons par ailleurs de lui. Et il en résulte que nous prêtons à ce nom ce qu'il a reçu, ce que nous avons, à notre insu, projeté sur lui. Il importe alors de rétablir les positions et donc l'antécédence explicative. Et nous pouvons d'autant moins obtenir d'information sur la personne que les noms et prénoms sont donnés à la naissance, alors que l'individu sort à peine de la nuit qui précède sa venue au monde. Nous ignorons tout de lui au moment de lui réserver ce qui le désignera. Nous espérons seulement que les parents auront veillé à accorder les deux, puisque l'un peut atténuer l'autre, s'il le faut. Mais si nous reconnaissons une large part de vérité à l'objection, nous n'en maintenons pas moins notre conception ontologisée des « noms et prénoms ».

Déjà, nous en appelons à l'Ancien Testament parce que Dieu, explicitement, se nomma, puis il nomma les choses (et indirectement les personnes, tous les existants), ce qui entraînait leur présence. On trouvera difficilement une remarque ou une déclaration qui aille aussi loin dans l'équivalence entre le nom et le nommé : sans lui, le sujet serait laissé à lui-même, dans une sorte d'indistinction. Il importe de le ramasser autour de ce qui l'a précédé (le lignage patrilinéaire) et de ce qui le singularise (le prénom modélisateur).

Il en résulte que celui qui change de vie ou en modifie le cours sera amené à prendre un autre « nom-prénom », tant l'un implique l'autre. Pour nous, le pseudonyme ne signifie pas la pose d'un masque comme si, au théâtre, le comédien tenait à l'incognito ; il se cacherait. Nous y voyons plutôt la conséquence d'une nouvelle existence : outre l'ordinaire, l'écrivain (Molière ou Voltaire) entre dans une autre vie, sans vrai rapport avec la première. Se vérifie ici notre thèse : il n'est pas possible de s'adonner à un changement d'importance sans qu'il se répercute sur l'appellation (d'où l'obligation de deux noms pour un être dédoublé).

Nous avons déjà mentionné le fait que le nom (le mot aussi) ne renvoie pas aux qualités secondes (le volume, le poids, les dimensions, la résistance, etc.). Il exprime le substantiel à travers la subsistance et en partie à cause d'elle. En effet, seule la désignation demeure : l'imprégnation de l'un par l'autre – le nommant qui s'incruste dans le nommé. Une telle invariance prouve que l'un traduit l'autre. Le nom se situe cependant en dehors de ce qu'il représente, mais ne nous arrêtons pas à cette situation car le dehors, selon nous, gagne justement à se poser à une relative distance, ce qui assurera la voyance ou la lisibilité. Surtout, ce nom suppose un décrochage tant il ouvre sur un échange possible, d'où le passage du parlant à l'entendant.

La mort effacera vite les noms individuels, mais le Code civil qui gère leur statut sauvera les plus notables de la submersion ; il les valorisera et leur donnera un réel avenir. Il est, en effet, prescrit que le soldat tué à l'ennemi pourra donner son nom à son héritier le plus proche, celui-ci l'ajoutera au sien et ne s'en séparera plus. Cet individu a pu aussi, au cas où il serait tué au combat, vouloir transmettre son patronyme à celui qu'il désignera.

Ainsi, tout est mis en œuvre pour empêcher la disparition ou même l'oubli. Si les ayants droit n'exercent pas cette possibilité, on descendra, selon le Code, « jusqu'aux autres successibles dans l'ordre légal, jusques et y compris le sixième degré, vivant lors de son décès, agissant tant pour eux (les bénéficiaires) que pour leurs enfants nés ou à naître » (Loi du 2 juillet 1923). Et si le nom ne servait qu'au contrôle (la conception bureaucratique), nous comprendrions mal la législation destinée à sauver ce qui désigne le combattant ; elle se préoccupe plus des morts que des vivants.

Sans trop nous attarder et même nous perdre dans les « cas particuliers », il nous faut reconnaître que déjà, le mariage, à lui seul, se met à tout embrouiller, parce que le nouveau (l'union scellée) ne peut ni ne doit annuler l'ancien (le nom qui singularise). Il faut à la fois modifier l'appellation mais aussi ne pas y toucher. Comment concilier ces deux exigences ?

Pourquoi imposer la référence au mari, puis au père, plutôt qu'à la femme et à la mère ? La Constitution veut que « la loi doive garantir à la femme, dans tous les domaines, des droits égaux à ceux de l'homme ».

Le lecteur jugera cependant que nous descendons trop dans les détails et que nous ne pouvons qu'y perdre l'idée ou la « raison d'être » de telle ou telle mesure ; mais, outre le fait que nous ne regardons pas comme accessoire le problème du nom et de son éventuel changement, il s'agit ici moins d'évoquer des particularités que des contradictions entre elles, à tel point que la doctrine en sort malmenée. Nous tenons à éviter les généralités (un universel cher à la spéculation) qui servent moins à résoudre les questions qu'à les dissimuler sous une couverture à toute épreuve.

Certains juristes ont choisi un chemin plus direct qui nous

dispense d'interrogations. Ils ont soutenu la thèse selon laquelle la femme n'a pas à renoncer, du fait du mariage, à son nom premier pour celui de son mari. La meilleure preuve en est que, dans les moments d'importance – tel un acte notarié –, la femme ajoute seulement à son nom propre, épouse de M. X ; elle signera aussi de son nom qui n'a pas changé. Le patronyme se borne à traduire son statut social (elle est mariée). Son nom a échappé au naufrage. Et nous sommes en plein accord avec cette thèse, sinon le nom perdrait la quasi-absoluité que nous lui avons reconnue, ainsi que son « unicité » signifiante. Nous l'avons tenu pour un attribut majeur de la personnalité. En conséquence, il ne saurait s'échanger ou se perdre. Argument dont nous admettons la légèreté, alors que la mort entraîne la disparition du sujet et même sa dislocation, le nom appartient à ce qui demeure, favorisant le souvenir.

S'il convient surtout de limiter l'avantage reconnu au père ainsi qu'au mari, la réglementation actuelle a choisi une solution conciliatrice, à défaut d'une franchement égalitaire : elle autorise les époux à porter un nom double. Si M. Dupont a épousé Mlle Durand, nous sommes mis en présence de M. et Mme Dupont-Durand (le tiret consolideur ne s'impose pas, tant l'unité est assurée sans lui). Dans certains États, on va un peu plus loin : il est demandé aux mariés – le jour même de leur mariage – de choisir le nom qu'ils réserveront à leurs enfants (Dupont ou Durand). Le maigre avantage concédé au féminin avec le nom double ne modifie pas le faux équilibre obtenu – la primauté du masculin, un féminin encore à la traîne et en seconde position.

Chaque fois que l'on gagne d'un côté, on perd aussitôt de l'autre, parce que, pour satisfaire à la demande égalisatrice, si peu que ce soit, on renonce à l'unité de l'être familial, puisque le père ou la mère (selon la prévalence de l'un ou l'autre) ne portera plus le nom de son enfant et réciproquement. La parenté s'efface ; s'opposent ici le collectif intégrateur et l'individuel singularisant.

Sur cette pente, on en arrive vite à des enchevêtrements tels que l'on doit renoncer à la logique désignative : si la réforme (toujours en cours) envisagée à un moment donné, inspirée par la législation espagnole, avait été adoptée et mise en œuvre, M. Durand-Leroy aurait épousé Mlle Dupont-Martin – nous reprenons ici le « cas de figure » d'un expert – et les enfants de ce couple seraient désignés par l'un des quatre noms suivants : Durand Dupont, Leroy-Dupont, Durand-Martin, Leroy-Martin. Même le concept signalétique et strictement indicatoire que nous combattons croulera sous le poids de tels mélanges. Il est clair que, lorsque la femme perd sur le plan onomastique, la famille et son unité y gagnent, mais ce type de réponse ne fonctionne pas toujours.

La sagesse et l'habileté veulent que l'on puisse satisfaire, de façon simple, les deux tendances (et d'ailleurs la loi du 23 décembre 1985, avec double nom facultatif, répond à ce vœu) : est reconnue la place de mère, grâce à l'accolement de son nom à celui de son mari, mais cette concession est limitée (la deuxième exigence) ; on conserve l'esprit unificateur de la communauté, ainsi que la singularité désignative.

Pour montrer encore les limites d'une pareille solution, imaginons que M. Martin épouse Mlle Dupont. Leur fils ajoutera bien à son nom d'usage celui de sa mère. Soit. Plus tard, ce fils, à son tour, se mariera avec Mlle Durand. Et ce dernier pourra se prévaloir de la loi ; il pourra donner naissance à un fils mais celui-ci n'aura pas pu conserver et transmettre (en cours de route) les noms premiers de sa mère et de sa grand-mère, les ancêtres écartés. Nous ne sortons donc pas de notre impasse ; du moment que des noms disparaissent, s'épuise assez vite le patrimoine linguistique (l'onomastique). Et nous qui voulons accorder de l'importance à la désignation et à sa maintenance, nous reconnaissons ici le demi-échec d'un tel système.

Il est vrai qu'aujourd'hui les couples évitent l'institution du mariage et sa bureaucratie adjacente, mais le féminisme paiera les frais de cette échappatoire. Il arrive que l'enfant, né de l'union libre, prenne le nom de la mère (le matriarcat). Le père pourra ultérieurement reconnaître l'enfant ; il prendra alors son nom (le « nom du père » revient et l'emporte). Ce changement de nom ne traumatisera pas le jeune enfant, parce qu'il n'a pas encore incorporé ce qui le nommait, mais il ne manquera pas de désorienter le plus âgé – et qui ne se perdrait au milieu de ces embrouillaminis !

La psychanalyse a montré que la triangulation (le père, la mère, le fils), que la nomination identique assure, devait être consolidée, parce que cette similitude sert l'enfant et lui fournit un facile repère (le nom que l'on ne peut pas échanger aide à l'auto-constitution du sujet) ; plus tard, il devra s'en délivrer, il se révoltera contre elle, mais vivre contre elle, c'est toujours vivre avec elle.

En faveur du nom, que nous ne réduisons pas à une fonction de marqueur ou d'étiquetage, nous mettons en avant l'argument suivant : il coïncide tellement avec l'individu (peu à peu, par une lente imprégnation) qu'il ne saurait être échangé contre un autre, ni même être susceptible du moindre réarrangement. Cette remarque pourrait toutefois avantager le point de vue que nous ne partageons pas – le repérage rendu possible, l'obligation d'une carte d'identité, l'omnipotence administrative. En effet, nous interprétons autrement la constance nominative : elle permet à la personne de s'auto-construire, ce qui implique l'inséparabilité entre la fin et le moyen.

Aussi le Code civil devait compliquer et surtout alourdir la procédure utilisée par ceux qui visaient à remodeler ou à renouveler leur appellation. Par principe est refusée cette demande, sauf si le nom insubmersible nuit à son détenteur (exemple traditionnel : M. Cocu pourra inverser les voyelles, le *u* à la place de *o*).

Le changement a été autorisé aux Israélites, afin d'empêcher les poursuites qui, hier, les ont conduits dans les camps de concentration et même les fours crématoires (l'antisémitisme sans borne). Le nom a trop favorisé l'arrestation et la mise à mort, mais la plupart ont refusé cette possibilité, afin de ne pas quitter leurs coreligionnaires pour un nom d'emprunt. Preuve, au passage, d'un nom à la racine d'une solidarité profonde, ce qui exclut tout effacement de ce lien. De même, comment ne pas souhaiter que les immigrés puissent aisément « franciser » leur « nom premier », afin d'éviter la discrimination (la négative mais aussi la positive pour quelques-uns, mais celle-ci n'empêche pas celle-là) qui les prive d'un emploi et les pousse à se retrancher entre eux, dans un communitarisme de rejet.

Le nom fonctionne ici par la révélation de sa malfaisance – ou bien la persécution ou bien l'éviction.

Nous n'entrerons pas dans l'analyse qui concernerait le sort et le rôle des prénoms dont nous pouvons changer l'ordre, mais nous devons aussi conserver ceux qui nous ont été attribués, aussitôt après la naissance. Paul Foucault, croyons-nous, deviendra Michel Foucault, soit que le philosophe ait souhaité un surnuméraire, soit qu'il ait, plus simplement, modifié la séquence de ceux qu'il portait. Nous ignorons la cause de cette modification, mais le Code civil tolère plus facilement ce genre de réarrangement que celui qui porte sur les noms. Cependant, l'article 57 (il est vrai qu'il a été aujourd'hui singulièrement rajeuni) ne laisse pas de doute : « Aucun citoyen ne pourra porter de nom ni de prénom autre que ceux exprimés dans son acte de naissance ; ceux qui les auraient quittés seront tenus de les reprendre. » De nombreuses demandes ont été formulées en vue d'un possible redressement mais presque toutes ont été rejetées ; ainsi l'une de ces requêtes mettait en avant le fait que « Jean » est, en anglais, un féminin.

Opération plus fréquente et d'un autre genre, une femme est allée jusqu'à endosser non seulement le nom de son mari (c'est déjà trop) mais aussi son prénom, de là « Mme Henri Martin ». Est-ce là le témoignage d'une unification familiale souhaitée, maximalisée, ou une sorte d'appropriation qui prive l'époux de son bien personnel ? Nous ne savons pas s'il s'agit d'une victoire du féminisme à travers l'usurpation ou plus simplement de la survivance d'un système ancien.

Mais nous venons de traverser un drame de la société contemporaine, du fait du décrochage du nom-prénom par rapport à la famille et à la parenté. L'appellation participe directement à la tempête qui frappe et abaisse la référence séculaire – la puissance du masculin.

Si d'ailleurs ce nom ne méritait pas de tenir ce rôle personnalisant, on comprendrait mal les batailles auxquelles se livrent les divorcés afin de décider soit du maintien soit de l'abandon de ce qui les désigne.

Assurément, le lien entre le nommant et le nommé reste relatif et des plus minces, encore que nous discernions deux mouvements de l'un vers l'autre : selon le premier, le sujet s'originalise dans son nom (et s'y découvre en partie), mais ce même nom ne manque pas de singulariser, à sa manière, le porteur qui peu à peu l'incorpore. Il arrive aussi au nom de renvoyer explicitement à un groupe (les particules nobiliaires ont résisté à la révolution – preuve supplémentaire de la solidité de ce qu'elles indiquent) ou même à une région (l'influence du sol).

Nous avons amplifié cette relation « signifiant-signifié », au risque d'offusquer, mais il fallait grossir ce qui ne se donne pas facilement à remarquer, afin de le rendre perceptible.

D'un bout à l'autre de notre exposé, nous n'avons visé qu'un but : celui d'éloigner la conception « indicatoire » ou administrative qui ravale le nom au possible repérage. Or, ce que nul ne peut quitter ne peut pas ne pas compter et mérite une analyse, du moins un commentaire laudatif.

Il arrive que le nom privilégié en vienne à tomber dans le commercial et même à se vendre (le passage du nom propre au nom commun, déjà mentionné). Le propriétaire d'une fabrique et donc d'une marchandise peut être amené à céder et son produit et la marque qui l'accompagne ; mais l'arbre ne doit pas cacher la forêt ; l'accidentel ou la déviation ne doivent pas troubler la compréhension de la fonction essentielle. Et nous nous réjouissons de ce que le « nom » soit distinct du « mot » – un terme qui convient aux choses alors que le nom ne désigne que les personnes.

Nous ne devons pas refuser de descendre dans le rappel et l'examen des situations les plus banales, les plus pauvres, parfois même les plus embrouillées – celles qu'expose le journal, puisque, selon une formule connue, la lecture d'un quotidien ressemble à la « prière du matin » du philosophe.

Plus simplement, il faut s'inquiéter des faits dits « divers » les plus ordinaires : en eux, nous entr'apercevons les conflits et les pires drames de l'existence.

Ainsi nous apprenons ce qui suit : une famille homoparentale vit aujourd'hui la tragédie du prénom – un prénom jugé trop rapidement comme bien secondaire. Elle souhaitait que leur fils (né à la suite d'une insémination artificielle avec le sperme d'un donneur anonyme) porte comme prénom le nom de famille de la compagne de la mère biologique, mais la mairie qui enregistre et contrôle ces décisions s'y refuse ; la solution en reviendra plus tard au juge des enfants.

Le Code civil a cependant réglé le problème : la loi du 11 germinal de l'An XI veut que le prénom soit pris « dans les différents calendriers en usage ou parmi les noms des personnages connus de l'histoire ancienne ». Mais comment savoir, par exemple, que tel ou tel personnage est connu ou l'a été ? Une circulaire du 12 avril a recommandé d'interpréter cette règle avec souplesse ; il est admis, pour l'onomastique des prénoms, une vue assez large.

Ajoutons toutefois que nul ne pourra modifier ce prénom qu'il a reçu, ni lui en adjoindre un, ni même modifier l'ordre de plusieurs d'entre eux. Et pour autoriser le moindre changement (la loi de novembre 1955), il faudra un jugement du tribunal de grande instance qui ne statuera positivement que si les intérêts légitimes de l'enfant se trouvent en question.

Dans la situation précédemment rappelée – donner à un enfant le nom de ses deux parents de fait –, le service de l'état civil s'est emparé de l'occasion pour condamner ou du moins gêner la vie d'une famille (homoparentale). On a tablé sur une interprétation stricte de la loi, mais on connaît plusieurs cas où a été admis un tel choix (en ce qui concerne le prénom). On invoque aussi l'intérêt de l'enfant, mais il s'agit d'un conflit plus essentiel – rien moins que la guerre actuelle entre les conservateurs et les avant-gardistes.

D'un côté la loi est la loi, elle doit être appliquée, mais d'un autre côté, est recommandée une interprétation assez lâche, à tel point que plusieurs couples ont bénéficié de cette laxité.

Qui doit l'emporter ? Nous demandons au philosophe de résoudre de difficiles problèmes. Et si la jurisprudence autorise, en principe, une compréhension facilitante, elle ne peut aller jusqu'à permettre que soit contourné, donc annulé, un règlement clairement défini.

Chapitre II

La genèse des mots

PRÉCÉDEMMENT, nous avons franchi « la ligne jaune » et nous le reconnaissons, mais il fallait s'adonner à un tel débordement pour favoriser ce que bien peu accepteront : le pouvoir suggestif du nom (incrusté) lié souvent à un territoire, un paysage (réel ou imaginaire), une culture, des habitudes, un comportement ; il se met à influencer la personne, il finit par en épouser la substance. Finalement, ce qui a été décidé sans nous (à la naissance même) ne manquera pas d'entrer en nous et de nous singulariser.

Les anti-cratyliens, ceux qui soutiennent la thèse de l'arbitraire des mots (et plus encore celui des noms), ne sauraient, pas plus les uns que les autres, nouer un quelconque lien avec ce qu'ils désignent ; ils nous trompent : il s'agirait d'une décision notative sans fondement, qui aurait imposé une appellation. Mais il aurait fallu qu'elle soit acceptée par tous, alors que rien ne la soutenait. Aussi loin que l'on remonte dans le passé, on ne trouvera pas la moindre trace d'un tel contrat ou de cet accord et d'autant moins que, pour préconiser un dire nouveau, il faut se servir d'un dire préalable ; aussi sommes-nous enfermés dans un cercle puisque la supposition envisagée implique d'autres suppositions qui doivent permettre un possible échange.

Diderot (*Lettre sur les sourds et muets*, 1751) avait aperçu l'obligation de cette antériorité ; pour lui, seule la gestualité rend compte, au départ, d'un langage mimologique ou ratifié par tous. Nous pouvons communiquer à l'aide de la seule psychomotricité. Diderot devait illustrer cette thèse explicative par le rappel de cette expérience : il se rendait au théâtre mais, dès que le rideau se levait et que les personnages venaient sur la scène, il s'en éloignait et se bouchait les oreilles, afin de ne rien entendre. Il n'en apercevait que mieux les déplacements et les mouvements des comédiens. Il prétendait mieux comprendre le drame qui se jouait. La preuve est apportée ici d'une motricité directement significative : est admise l'adéquation entre le signifié et ce qui le présentifie (à travers le schème moteur). Éloignons l'idée selon laquelle un phonème purement fortuit – le n'importe quoi – pourrait assurer la liaison et favoriser une entité langagière.

Chemin faisant, nous nous sommes séparé des juristes : ceux-ci reconnaissent les fonctions du nom, l'obligation de l'identification entre le sujet et ce qui le désigne, mais ils réduisent trop ce rôle à un dispositif régulateur, sinon localisateur et donc administratif. Ils accordent aussi beaucoup au prénom, pour les mêmes raisons, et afin d'éviter les homonymies, ils laissent trop de côté le principe de l'inséparabilité entre ce qui nomme et ce qui est nommé ; ils renoncent, pour la plupart, à ce qui touche à l'incitation ontologisante, voire personnalisante.

Nous ne renonçons pas à notre entrée dans le scabreux, bien qu'il semble moins risqué d'envisager l'origine et le pouvoir des mots – et non plus celui des noms. Nous maintenons, plus que jamais, notre attachement à un néo-cratylisme, encore que nous rejetions, dès le départ, la thèse d'un mot qui calquerait la chose (l'onomatopée), à la manière de Nodier qui croyait entendre, sous les mots, le bruit intime des choses – moins des bruits que des bruissements (patatras, murmure). Il nous faut expliquer son origine, ainsi que son statut et la raison d'être de sa composition, à la base de la culture et du savoir. Il n'est rien qui puisse se dispenser de lui – pas même l'un de ses opposés, l'image ou le tableau du peintre, tant celui-ci introduit souvent des lettres sur sa toile, en plus de sa signature ; nous sommes d'ailleurs indécis relativement à l'explication de ce mixte (les mots dans la peinture) : est-ce que l'un de ces médias absorbe l'autre ou est-ce que l'icône tient à reconnaître l'omniprésence de l'écriture et à lui accorder une place à l'intérieur de son propre déploiement ?

Nous devons aborder deux questions, l'une qui touche au passé, quand l'autre portera sur l'avenir. Selon la première, nous sommes tenu de régler la question de l'onomaturgie : comment le mot a-t-il pu naître, puisqu'il ne vient décidément pas d'un « on ne sait où » ? Comment expliquer sa genèse ? Mais, avec le second problème annoncé, nous nous demanderons s'il est possible d'en appeler à une science réelle du mot et à en développer une épistémologie *a minima* ? Pourra-t-on, en conséquence, fonder, avec lui, une néo-pédagogie qui servira à la formation des esprits et à leur entrée dans une réflexion fructueuse ?

Nous savons que nous avons retenu, pour ces deux problèmes, une position peu favorable à notre point de vue, puisque nous nous soucions du mot, alors que celui-ci n'existe pas en soi, en dehors de l'énoncé dans lequel il s'insère et qui lui donne son sens. Cette phrase elle-même peut changer, selon le paragraphe qui l'enserre, et lui-même peut dépendre du livre entier où il se loge. Dans ces conditions, envisager le mot isolement revient à ignorer sa polyvalence, sa richesse même et une plasticité tant du langage parlé que de l'écrit.

Il est vrai encore que, par bien des côtés, ces questions nous échappent ; nous aurions dû nous appliquer à nous-même la remarque dissuasive de Jean-Jacques Rousseau qui reconnaît « le ridicule de disserter sur les langues quand on en sait à peine une »[1].

Nous commençons, comme il se doit, par l'analyse des opérations qui expliquent la naissance et l'agencement du mot, encore que, avant d'aborder ce problème généalogique, nous nous devions d'avancer une définition de ce mot. Nous le tenons justement (nuance cratylienne) pour ce qui se substitue avantageusement à ce qu'il indique : l'objet, éventuellement bigarré, surchargé d'à-côtés, prisonnier d'une utilité qui l'étouffe, gagne à être remplacé par un équivalent léger, qui en dévoile la caractéristique ; en raison de sa concision, de la facilité à le prononcer, il le présentifie, alors qu'il est éloigné et surtout absent. Il nous délivre aussi bien du trop que du manque.

Il correspond à une démarche en deux temps : a) il faut d'abord extraire le signifié d'un signifiant qui lui est attaché et dans lequel il a été répandu ; b) après quoi, il sera confié à un support d'une autre nature mais qui s'avère le plus diminué qui soit, quant à son volume et même à son poids. Notre mot en devient un méta-objet, puisqu'il renie ce qui obère l'objet sans toutefois le perdre. Il l'élève même et le socialise. Nous avons, à plusieurs reprises, commenté la formule, celle « de l'objet mais sans l'objet », qui convient au mot. Celui-ci a été entièrement confié aux sons (la parole) et aux lignes (la graphie). Il appartient désormais au domaine du dire et du lire.

Au sujet de ce passage d'un signifiant à un autre plus avanta-

1. J.-J. Rousseau, *Essai sur l'origine des langues*, texte établi par Charles Porset, Ducros, Bordeaux, 1968, p. 10.

geux, ce qui constitue le mot, Jakobson soulève des problèmes qu'il est difficile de résoudre, encore qu'une esquisse de réponse ait été avancée. Le linguiste écrit : « Si le fait de cette union (signifié/signifiant) est absolument clair, sa structure reste fort peu connue. Une suite de sons se trouve être le véhicule du sens, mais comment les sons remplissent-ils cette fonction de véhicule ? Quels sont exactement les rapports entre les sons et le sens à l'intérieur du mot et de la langue en général ?[1] » Mais Jakobson ajoute : « On aurait tort d'oublier les idées lumineuses sur le rôle des sons du langage lancées occasionnellement par les penseurs de l'antiquité grecque et latine et du Moyen Âge – par exemple, les idées de l'un des plus brillants et profonds philosophes de la langue, Thomas d'Aquin.[2] »

Le mot nous aide à surmonter le fourmillement phénoménal, à fixer le cadre et même les notions qui structurent notre univers. Condillac, qui devait refuser l'existence d'une activité mystérieuse de construction, l'accordait à ce qu'il appelait « les signes d'institution », ceux que nous avons élaborés et retenus – nous verrons ultérieurement pourquoi. Grâce à ces mots-signes, nous parvenons à organiser le monde qui nous entoure : bref, sans les mots, nous nous perdons nous-même ; avec eux, il n'est rien que nous ne maîtrisions.

Condillac devait s'appuyer sur un fait rapporté dans les *Mémoires de l'Académie des sciences* (1703). « À Chartes, un jeune homme de vingt-trois à vingt-quatre ans, fils d'un artisan, sourd et muet de naissance, commença tout à coup à parler, au grand étonnement de toute la ville.[3] » Il fut aussitôt interrogé par d'habiles théologiens qui voulaient savoir ce qu'il avait pensé lors de son long silence antérieur. Mais il aurait été privé de toute idée ;

1. R. Jakobson, *Six leçons sur le son et le sens*, éd. de Minuit, 1976, p. 23.
2. *Ibid.*
3. Condillac, *Essai sur l'origine des connaissances humaines*, *O.C.*, 1798, p. 188.

il aurait vécu dans une sorte de rêve, une profonde léthargie ; et « bien qu'il assistât à la messe et qu'il fût instruit à faire le signe de croix... il n'avait joint à tout cela aucune intention ni compris celle que les autres y joignent »[1]. Dans son passé, il ne croisa jamais les questions relatives à l'âme ou à Dieu. Il faut en conséquence, selon Condillac, relier les mots et les idées ; il n'est pas de pensée sans le langage, d'où s'ensuit leur essence (instauratrice) et leur rôle (l'organisation méthodique).

Nous tenons à nous aider du linguiste ; nous lui empruntons, sans attendre, son explication de la nature de ce mot, qui résulterait d'une double articulation, ce qui renforce notre propre explication d'un mot obéissant au calcul « *de maximis et minimis* », le maximum d'information dans le minimum de moyens. Nous en arrivons même à une contradiction qu'il vaincra : celle d'un rapetissement qui ne s'accompagne d'aucune diminution. Elle nous vaudra même une augmentation significative.

Afin de comprendre cette opération définitionnelle, il convient d'opérer la segmentation du mot et de permuter un élément de ce qui était un, s'assurant de la validité de ce qui vient de subir ce remaniement. Nous reprenons l'illustration d'un linguiste : il aperçoit sans peine, dans le « ré-em-barqu-ons », quatre monèmes, grâce à la permutation subie – par exemple, au « ré » a été substitué le « dé » (dé-barquons), ce qui n'a pas nui à la solidité du verbe. La seconde articulation, branchée sur la première, joue du même moyen mais porte sur chacun des monèmes. Ainsi le « p » de père pourra céder au « m » de mère, de là, des phonèmes individualisés.

Le mot se définit par sa possibilité d'emboîter – une micro-architecture –, tandis que les autres systèmes communicationnels

1. Condillac, *Essai sur l'origine des connaissances humaines*, *op. cit.*, p. 189.

uniformisés, invariables, restent enfermés dans un seul usage (le signalement) ; rien ne les infinitise. À l'inverse, le lexique déborde de nouveautés et, comme le remarquait déjà Voltaire dans son *Dictionnaire philosophique*, il compte autant d'absents que de présents – nous y voyons des *architectes*, mais pas encore de *tectes*. Le mot bénéficie – ce qui pourrait le définir – d'un système sans bornes : il tient du supercodage.

Nous pourrions ajouter une troisième articulation, parce que le mot en son entier peut être remplacé, échangé contre un semblable (de là, des lexèmes) ; et malgré pareille modification, l'énoncé nouveau ne manquerait pas de consistance ; il vaudrait comme un équivalent, du moins quant au format.

Ajoutons même une quatrième articulation : elle a été qualifiée de supra-segmentale. Il suffirait d'en appeler à une intonation différente, de telle manière que, sans modifier les unités de l'énoncé, on en transforme cependant le sens ; sans doute celui-ci est-il répandu dans le tout de la phrase, on est parvenu à l'en détacher et donc à le reconnaître.

Notre programme voulait que nous définissions philosophiquement le mot – une définition qui se distingue de celle du phonéticien, du sémiologue, du grammairien, de l'étymologiste, de ce qui retient le philologue. Nous circulons surtout entre deux conceptions que nous ne partageons pas : celle de F. de Saussure qui insiste sur l'arbitraire du mot (le n'importe quoi conventionnel) et celle qui pense discerner en lui un redoublement du nommé, soit qu'il le donne sous une forme sonore (l'onomatopée chère à Nodier, le glouglou de la bouteille que l'on vide, le jeu du trictrac, autrefois appelé tic-tac), soit qu'il le traduise sous une forme picturale (la théorie claudélienne).

« Les mots ont une âme, écrit le poète... Entre le signe graphique et la chose signifiée, il y a un rapport. Qu'on m'accuse tant qu'on voudra de fantaisie, j'affirme que le mot a une âme, un certain dynamisme inclus qui se traduit sous notre plume en une figure, en un certain tracé expressif.[1] »

Claudel va même un peu plus loin : il n'hésite pas à descendre dans l'écriture et à examiner de plus près les lettres de l'alphabet ; certaines sont « de véritables engins de mécanique, l'*e* est une bascule, l'*o* est une roue et une poulie, l'*n* est une voûte, l'*f* est une lame »[2]. Avec ces outils, le poète s'emploie à saisir la machinerie de nos substantifs. Pour en proposer un cas simple, « le mot "toit" équivaut à une représentation complète de la maison, à laquelle ne manquent même pas les deux cheminées, *o* est la femme, et *i* l'homme, caractérisés par leurs différences essentielles : la conservation et la force ; le point de l'*i* est la fumée du foyer ou, si vous aimez mieux, l'esprit enclos et la vie intime de l'ensemble »[3]. Fort de son alphabet à la fois physique et lyrique, Claudel fabrique un véritable dictionnaire des principaux mots qu'il analyse, ce qui nous vaut des portraits stylisés (des hiéroglyphes) mais reconnaissables. Ce qui, toutefois, gêne quelque peu une telle interprétation vient de ce que Claudel nous propose, quelques pages plus loin, une autre version de ce dessin : « Les deux barres du *t* (toit) donnent les versants de cet abri dont les montants de la même lettre forment les parois. L'*o* est la table où la famille prend ses repas et l'*i*, c'est le feu ou le foyer avec la légère fumée qui s'en élève.[4] » Malgré l'écart, les deux commentaires restent proches et n'entament pas la théorie aussi captivante d'un mot qui portraitise la chose.

1. P. Claudel, *Œuvres en prose*, « Bibliothèque de la Pléiade », Gallimard, p. 92 (« Les mots ont une âme »).
2. *Ibid.*, p. 90 (« Idéogrammes Occidentaux »).
3. *Ibid.*, p. 101 (« L'harmonie imitative »).
4. *Ibid.*

La définition du mot ayant été donnée, avant que l'on doive revenir sur la prise en compte d'un statut particulier, nous entrons dans l'examen précédemment annoncé, à savoir comment a pu être engendré notre vocabulaire, comment a pu réussir la technique expressive.

Va peu à peu triompher la perspective génétique. À la différence de Locke, qui voyait dans les signes d'institution ce qui soutient les idées et permet leur rappel, Condillac les tient pour le déterminant (la cause) à l'origine de la réflexion ; grâce à eux, nous passerons du perceptif au réflexif, aux idées les plus complexes à partir des plus simples. L'odyssée en question revêt une telle importance que nous nous devons d'en suivre les étapes ou l'enchaînement obligé.

Il nous faut admettre quatre réussites successives, afin de constituer l'indispensable chaîne phonographique terminale. À son commencement, nous situons le langage dit « d'action » – une gesticulation qui entend signifier la présence de la chose ; bientôt celle-ci pourra aussi bien être éloignée ou absente. Ainsi le mot « fruit » sera traduit par des mouvements inséparables d'un désir d'appropriation ou, à l'inverse, par une attitude de refus.

Un anthropologue contemporain, Marcel Jousse, qui a centré ses travaux sur l'examen de ce langage d'action, résume bien la situation : « Deux hommes en présence, ne parlant pas la même langue et voulant communiquer intellectuellement l'un avec l'autre, utilisent d'emblée le mimage "corporel-manuel" plastique et très rarement le mimage "oral sonore".[1] » L'anthropologue élargit ce que Condillac avait déjà reconnu et arrêté ; il devait ajouter à ses analyses un développement original, montrant com-

1. M. Jousse, *L'Anthropologie du geste, le parlant, la parole et le souffle*, Gallimard, 1978, p. 69.

bien la gesticulation irradie et embrase le corps entier : « L'homme pense avec tout son corps, il pense avec ses mains, ses pieds, ses oreilles aussi bien qu'avec son cerveau. Il est absolument ridicule de dire que sa pensée dépend d'une partie de lui-même. C'est comme si on disait que notre habileté manuelle dépend de nos ongles… Ce n'est pas le cerveau qui détermine l'activité psychologique, il ne fait que la régler.[1] »

En règle générale, les théoriciens n'ont pas assez accordé de place à la psychomotricité, le plus souvent automatisée, qui se distingue de la volontaire. Ultérieurement, Bergson (dans *Matière et Mémoire*) reprendra cette orientation avec son schème moteur, qui permet le rappel des souvenirs, puisqu'il les joue. Il sera même montré, plus tard, que lorsque nous entendons, nous accompagnons le dire par un imperceptible et indispensable frémissement du bout des lèvres ; entendre revient à parler silencieusement, et nous le signalons parce qu'il s'agit là d'un reliquat du premier « langage d'action » partiellement intériorisé.

Reconnaissons toutefois qu'avant de recourir aux gestes – la pantomime –, les individus usèrent d'un échange métaphorique : Darius, par exemple, reçut des Scythes un oiseau, une souris et cinq flèches, ce qui voulait dire que, si Darius ne s'en allait pas aussi vite que l'oiseau ou s'il ne se cachait pas comme une souris, il périrait par les cinq flèches. Aussitôt, il décrypta cette scène et regagna son pays. Selon Condillac, « l'Écriture Sainte nous fournit des exemples sans nombre de cette sorte de conversation [en signes] »[2].

Mais ces manières de correspondre ne purent valoir longtemps : cette fièvre manuelle et corporelle ne peut fonctionner que le jour ou à l'aide d'un éclairage suffisant. De plus, ce qui en limite

1. M. Jousse, *L'Anthropologie du geste, le parlant, la parole et le souffle*, *op. cit.*, p. 45.
2. Condillac, *Essai sur l'origine des connaissances humaines*, *op. cit.*, seconde partie, *O.C.*, t. I, « De l'origine et des progrès du langage », p. 267.

la portée, c'est que celui qui table, pour communiquer, sur le mouvement de ses doigts, doit cesser toute occupation préhensive, alors que celui qui utilisera plus tard des signes acoustiques ou graphiques pourra prolonger ce qu'il a entrepris. Au milieu des difficultés concernant cette première transmission, reconnaissons que la station debout a rendu possible la libération de la main, jusqu'alors vouée à la locomotion. Mais, le plus décisif, s'impose avant tout la présence des deux individus qui s'informent mutuellement, car s'ils sont séparés, ils ne pourront pas correspondre.

Nous nous devons, en conséquence, de changer de registre pour un plus fonctionnel ; nous en arrivons au pictogramme.

Si nous insistons tant sur les étapes de l'évolution qui nous conduira au lexique, à l'ensemble des mots, c'est parce qu'elle confirme la définition du mot : le moyen le plus miniaturisé en même temps que ce qui inclut en lui le plus d'information, la pluralité des sens (polyvalents).

Mais nous nous heurtons, dès maintenant, à une objection qui compromet notre développement : le pictogramme peut, à la rigueur, nous restituer la chose, mais s'il s'agit d'abstractions, de notions générales, comment pourrait-il les exprimer ou les rendre, puisqu'elles relèvent de l'intelligible ?

Condillac, que nous suivons, n'a pas ignoré cette remarque critique. « Par quel sens des idées toutes spirituelles, celle de la pensée, par exemple, et celle de l'être seraient-elles entrées dans l'entendement ? Sont-elles lumineuses ou colorées pour être entrées par la vue ? D'un ton grave ou aiguë pour être entrées par l'ouïe... Si l'on ne peut rien répondre qui ne soit déraisonnable, il faut avouer que les idées spirituelles, telles que celles de l'être et de la pensée, ne tirent en aucune sorte leur origine des sens.[1] »

Condillac ne risque pas de s'arrêter à cette conclusion. Après

1. Condillac, *op. cit.*, p. 384, note.

Locke, on ne peut pas revenir sur une telle analyse. Condillac, théoricien de la genèse, ne cessera pas de montrer à quel point les termes s'étendent quant à leur signification ; plus encore, les mots, parce que médians, à la fois matériels (de façon minimale) et immatériels, peuvent assurer et fortifier ce passage vers le haut (l'intelligible), bien qu'ils appartiennent au sensible. Et le philosophe montre sur maints exemples les mots en mouvement et donc capables d'exhaussement : « Les termes abstraits dérivent des premiers noms qui ont été donnés aux objets sensibles.[1] »

Condillac éloigne également une conception du langage, proche de celle des innéistes : Dieu l'aurait donné aux hommes (à Adam et à Ève) au moment de leur création. Mais le déluge ne devait laisser que deux enfants seuls, perdus dans le désert ; ils durent alors inventer les moyens communiquants qui les conduisirent peu à peu jusqu'au vocabulaire de la métaphysique.

Il leur faudra (orphelins et démunis) en passer par le pictogramme : en général, tout disparaît ou s'envole, le gestuel notamment s'efface dès son surgissement ; on ne saurait revenir sur lui, afin de le saisir mieux. On conçoit que l'emportera ce qui subsiste. Justement, « le dessin au naturel » (ou le pictogramme) s'impose. « Pour exprimer l'idée d'un homme ou d'un cheval, on représenta la forme de l'un ou de l'autre. » En même temps, cette peinture extrêmement stylisée nous délivre de la peur, parce que nous dominons (l'animal surtout) ce que nous figurons à l'aide de quelques traits.

En vue de cette maîtrise, il va falloir inciser, creuser, gratter, tailler la pierre, car on a choisi un réceptacle particulièrement solide, celui qui résistera.

Si nous suivons, degré par degré, les améliorations de ce moyen, il nous faut compter quatre possibles transformations qui

1. Condillac, *op. cit.*, p. 386.

toutes concourent à réaliser la prouesse d'une réduction mais sans diminution. Première innovation : on s'en tiendra au contour des figures. On se souvient de la jeune fille qui, voyant son ami partir au loin, avait tracé sur le mur les limites de son ombre. Elle s'assurait par là de sa présence (fantomale).

Second moment : on ne conserve d'une scène ou d'un individu que ce qui le spécifie. Par exemple, si l'on doit figurer un animal, on ne retient de lui que ce qui exprime la furie sexuelle ou l'acharnement à capter sa proie (en seront amplifiés les cornes, les griffes, les mâchoires, etc.).

Troisième opération faussement réductrice, proche de la précédente : on use de la procédure métonymique. La partie suffira à la place et au lieu du tout.

Enfin, quatrièmement : avec le moyen métaphorique, il est possible de confier à un analogue plus concis et plus suggestif la fonction représentative. « On se servit, pour représenter une chose, d'une autre où l'on voyait quelque ressemblance ou quelque analogie… L'univers, par exemple, était représenté par un serpent, et la bigarrure de ses taches désignait les étoiles.[1] »

Ajoutons que les Égyptiens inventèrent le plus performant des systèmes, une sorte de peinture abstraite : il n'est rien qui ne fut rendu par des points, des traits, des courbes ou spirales. Ce structural obéissait, comme pas un, au principe souverain de l'allégement.

Le gestuel et le pictogramme souffrent cependant d'une même limite, à laquelle échappe le nouveau type de transfert (le quatrième degré) : celui-ci peut jouer de la modulation, ainsi que de l'articulation. C'est que nous pouvons produire des sons différents (avec les consonnes, les nasales, les gutturales, les dentales, les labiales) ; nous allons maximaliser les possibilités différentielles.

1. Condillac, *op. cit.*, p. 419.

Mais comment en arriver à la parole et à ses vocables ? Comment passer du visuel au sonore ou modifier l'appareil de la transmission d'un message mais sans le changer lui-même et sans en revenir à un cratylisme facile ?

L'onomaturge va, non sans mal, élire le plus flexible, le respiratoire (le bucco-pharingé), parce qu'il permet le plus avec le moins. Claudel a reconnu cet office, celui de la commodité expressive phonique. « D'un mot, d'une expression, écrit-il, nous voulons avoir, comme on dit, plein la bouche. Nous voulons la posséder sous notre langue, entre nos dents et parfois si je peux dire, à pleins poumons, comme un outil bien emmanché qui ne fait qu'un avec la main de l'ouvrier.[1] » Nous croyons comprendre la cause de cette victoire, notamment parce que l'intonation, le timbre, ce qui relève du souffle (y compris les intervalles, les longues et les brèves) introduisent des écarts significatifs à l'intérieur du même. À l'inverse, si l'on articule mal, si le dire est exposé dans la monotonie, sans distinction, nous ne saisissons plus la parole. Celle-ci suppose une analyse et une harmonie intersyllabique ; par là, on parvient à communiquer, bien qu'avec peu de moyens. La voix ajoute et permet le plus avec le moins.

Condillac en donne une illustration avec l'interjection *Ah* : « Selon la manière dont il est prononcé, il exprime l'admiration, la douleur, le plaisir, la tristesse, la joie, la crainte, le dégoût et presque tous les sentiments de l'âme.[2] » Le son, à lui seul, varie et multiplie le sens. Aussi Condillac accorde de l'importance à ce facteur (le ton, aigu, grave, moyen) puisqu'il écrit : « Nous avons peine à comprendre ce qu'on nous lit sur un même ton.[3] »

Remarque capitale, pour nous, attaché à la traduction, au synopsis, aux notations : « Il a paru plus facile d'exprimer diffé-

1. P. Claudel, *Œuvres en prose*, *op. cit.*, p. 99.
2. Condillac, *op. cit.*, p. 275.
3. *Ibid.*, p. 274.

rentes idées avec le même mot, prononcé sur différents tons, que de multiplier le nombre de mots à proportion de celui des idées.[1] »

Mais comment en arriver au mot lui-même ? Les auteurs qui se sont engagés dans cet examen (la transposition de la parole en écriture) ont prétendu s'inspirer du monde musical, du chant aussi, parce que le morceau qu'il convient de jouer sera entièrement exprimé dans le solfège, ses notations (le lien entre les sons et le sens).

Les Condillac, de Brosses, Mallarmé, Claudel et d'autres ont plaidé en faveur de ce saut médiatique – la conversion du sonore en du visuel. Jean-Jacques Rousseau devait se soucier de l'équivalence entre les deux registres, encore qu'il renonçât à l'ancien système de signes parce qu'il occupait un trop grand volume et aussi parce qu'il s'est trop multiplié : « Cette quantité de lignes, de clefs, de dièses, de bémols, de bécarres, de mesures simples et composées, de rondes, de blanches, de noires, de croches, de doubles, de pauses, de soupirs, de demi-soupirs, etc. donne une foule de signes et de combinaisons, d'où résultent deux inconvénients, l'un d'occuper un trop grand volume et l'autre de surcharger la mémoire.[2] » Quelques lignes plus loin, Rousseau y revient : « Dès qu'on aura inventé des signes équivalents, mais plus simples et en moindre quantité, ils auront par là même plus de précision et pourront exprimer autant de choses en moins d'espace. »

Rousseau substitue aux notes les nombres (de 1 à 9) qu'il module. Il ignore que, de nos jours, la binarisation ou la seule séquence des 1 et 0 parviendra, avec moins encore, à traduire et aussi à conserver les plus vastes ensembles ou le réel le plus prolifique.

Après une longue odyssée, nous sommes arrivé au « mot »

1. Condillac, *op. cit.*, p. 276.
2. J.-J. Rousseau, *Projet concernant de nouveaux signes pour la musique*, *O.C.*, 1830, t. X, p. 179-180.

condensé et qui, loin d'avoir perdu ce qu'il traduit et rassemble, l'a, au contraire, enrichi (le plus dans le scriptural, et ne serait-ce que sa préservation).

Si de Brosses devait surtout montrer comment les voyelles s'ingéniaient à reprendre la parole, Mallarmé (*Les Mots anglais*) devait se préoccuper des consonnes, « c'est-à-dire sur toutes les variétés d'attaque et de timbre de tous ces monosyllabes saxons, sur toutes les qualités de forme, de nuance, d'expression et d'énergie qu'une forte individualité imprime à l'explosion phonétique »[1]. Chacun se souvient aussi du vers de Rimbaud qui donnait une couleur aux voyelles (A noir, E blanc, I rouge, etc.). Il est possible d'imaginer l'inverse, ou la conversion des couleurs en voyelles. D'ailleurs, au XVIIIe siècle, on s'enthousiasmait en présence du clavecin oculaire du Père Castel : il transformait directement le chant en couleurs, en somme, le *Ut pictura poesis*.

Ce qui pourrait expliquer le succès de cette transformation vient de ce que les lettres ne s'emploient pas à traduire, à communiquer la chose qu'elles recommenceraient, mais qu'elles opèrent à partir de la gestualité (la langue action). Il s'agit alors de la traduction d'une première traduction. Au théâtre, chez les Grecs, un acteur déclamait, pendant qu'un autre gesticulait. L'écriture finale saura éviter les homographes.

Une objection de poids nous attend ici : cette écriture ne va-t-elle pas détruire notre thèse, puisqu'elle multiplie les signes, les accents, afin d'éviter les glissements ou la confusion (aiguë, circonflexe, tiret, cédille, apostrophe, majuscule, point, virgule, deux points, tréma, parenthèse, et nous en oublions). Nous affirmions que nous allions nécessairement vers la diminution matérielle des moyens (la concentration, l'économie) alors qu'ils se mettent à foisonner.

1. P. Claudel, *Œuvres en prose*, *op. cit.*, § « L'harmonie imitative », p. 99.

En réalité, ces signes accompagnent le texte, ils ne l'intègrent pas ; ils aident seulement à une meilleure compréhension de ce texte (il sera lu plus rapidement) ; ils favorisent une sorte d'analyse spontanée (le décrochage des trop longues périodes) ; ils introduisent de la lumière dans le trop compact.

Le moins que nous puissions conclure veut que la définition du mot – sa définition philosophique, qui recoupe celles des spécialistes, sans s'y identifier – ainsi que l'histoire de sa constitution coïncident. D'un bout à l'autre, nous avons évité le cratylisme, l'excessive adéquation entre le nommé et le nommant, et de telle manière que, dans cette hypothèse, ce vocable n'ajouterait rien, se bornerait à copier ou à reproduire « l'être là ».

Le plus décisif nous attend, puisque, dès le début, nous avons demandé si nous ne pourrions pas élever la nomination jusqu'à une science de la désignation ; mais de quelle science s'agirait-il ? En quoi, si elle est possible, s'originalise-t-elle ?

Chapitre III

Pour une épistémologie minimale des mots

La définition du mot – sous l'angle philosophique du moins – provisoirement assurée, ainsi que son évolution mouvementée, grâce à laquelle il remplit de mieux en mieux sa fonction, essentialiser ce qu'il désigne, enfermer le plus dans un signifiant (sonore ou graphique) réduit à l'extrême, nous nous proposons de mettre en évidence l'entrée de la parole dans une discipline préscientifique (la science de la phrase, la *Satzlehre*). Le mot ne prend d'ailleurs son sens qu'avec la proposition qui l'englobe – celle-ci relevant d'une construction. Elle appartient à une discipline plus vaste, celle qui étudie les organisations et les agencements – comment sont disposées les unités, comment elles se solidarisent ou se conditionnent.

Il est vrai que préalablement nous avons tenté de définir le mot, en dehors de ses connexions, mais nous avons reconnu les limites d'un tel examen, puisque la compréhension et les fonctions du mot varient selon les rapports avec ceux auxquels il est lié. Mais la première définition obtenue, bien que partielle, ne sera pas annulée ou contredite par celle que nous dégagerons ; elle en sera plutôt élargie ou affinée.

On peut encore soutenir, sans attendre, qu'un examen morphologique, celui auquel nous nous préparons, conduit à la simple description, mais nous pensons que l'intelligence de la forme permet de mieux en concevoir les conséquences et de dévoiler la synergie entre le substrat et ce qu'il favorise. Nous nous éloignons de la simple observation ; nous entrons dans la reconnaissance des structures.

Assurément, si l'on s'en tient à un assemblage rudimentaire, du type « S est P » (un tel est artiste), il ne se pose pas de vraie question quant à l'ordre à expérimenter. Mais dès que l'on est mis en présence d'une période arborescente (des affirmations qui en enferment d'autres, de toute nature), il faudra la décomposer et repérer les attaches entre tous les fragments – la vraie architecture. Lucien Tesnière, dans ses *Éléments de syntaxe structurale*, condamnait tout examen ponctuel. « C'est pourquoi, écrivait-il, le dictionnaire, résultat d'un travail qui consiste à prendre les éléments de la réalité linguistique et à les sortir artificiellement du milieu naturel vivant où on les trouve, est fatalement quelque chose de mort.[1] » Nous devrons donc nous préoccuper du positionnel ; mais il y a plus, parce que nous serons obligé de reconnaître que le mot, selon son emplacement, changera le sens de la phrase.

Nous donnons un exemple de cette topographie décisive, dans laquelle *ab* n'équivaut plus à *ba* – un renversement qui peut aller jusqu'à exprimer le contraire. En effet, dans un énoncé comme

1. P. Claudel, *Œuvres en prose*, *op. cit.*, § « L'harmonie imitative », p. 11

celui-ci : « Le bon médecin n'est pas toujours un médecin bon », selon la localisation de ce mot « bon », nous ne recevons pas la même information. Le basculement de l'unité déterminante a suffi pour tout modifier. Le « bon » médecin se reconnaît à son savoir médical et à ses justes décisions, quand le médecin « bon » frappe par sa sensibilité compassionnelle. Bref, selon que l'adjectif se trouve ou non antéposé, il en appelle à un autre jugement (il n'est pas exclu que le « bon » médecin soit aussi un médecin « bon »).

Cette situation n'est pas sans en évoquer une semblable, celle de l'isomérie optique des chimistes : deux molécules de même composition, dans les mêmes proportions, avec une même organisation, diffèrent cependant, en raison d'une imperceptible inclinaison à l'un des angles, droit ou gauche. Cette minime asymétrie, qui va entraîner des conséquences, notamment dans le domaine de l'enzymologie, ne suppose qu'un léger déplacement spatial. Par comparaison, le gant qui convient à la main droite ne pourra pas, bien qu'identique, servir pour la main gauche. Nous avons toujours été arrêté par ce problème : comment le même peut-il, à la suite d'un rien (une modeste translation), virer à l'autre, voire l'opposé ?

Nous pouvons déjà, sans attendre, répondre à cette question embarrassante : le langage, qu'il soit oral ou écrit, révèle ici sa finalité ou du moins sa raison d'être. Le « très peu » – un changement de lieu – suffit à transmettre un tout nouveau message. On n'a rien ajouté, pas une notation de plus ! On s'est borné à une translation. On vient de réussir la maximalité communicative avec le moins de moyens ; ou encore, on oblige « le même » à pouvoir diffuser son contraire (une opération de type gigogne).

Nous devrons envisager quelques-unes des situations architecturales de la phrase – une discipline qui relève d'une science des possibilités de la spatialité, de la situation respective des composants, les uns par rapport aux autres. Parallèlement, il nous faudra aussi apprendre à résoudre une contradiction : l'alliance entre la solidité mais aussi la fragilité de ce relationnel ou, mieux encore, la manière de concilier l'unité avec la pluralité.

Relève des premiers pas de cette science la discussion portant sur le début de la proposition : puisque l'emplacement compte tant, qui doit occuper la première position ?

Selon le schéma que Condillac privilégie, nous devons d'abord évoquer l'objet que nous convoitons ou que nous refusons. « Fruit vouloir Pierre. » C'est le mot (de la chose) qui est d'abord prononcé ou qui, plus tard, pourrait être écrit. « Quand on commença à suppléer à l'action par le moyen des sons articulés, le nom de la chose se présenta naturellement le premier, comme étant le signe le plus familier. Cette manière de s'énoncer était la plus commode pour celui qui parlait et pour celui qui entendait. Elle l'était pour le premier, parce qu'elle le faisait commencer par l'idée la plus facile à communiquer, elle l'était encore pour le second, parce qu'en fixant son attention à l'objet, elle le préparait à comprendre plus aisément un terme moins usité.[1] » On conçoit, en effet, que le langage d'action (la transmission mimologique) désigne plus facilement un objet qu'un état psychologique, comme le vouloir. Toutefois, on ne respectera pas toujours, à la lettre, la liaison de base (Fruit vouloir moi), tout de même un peu trop sèche. On y ajoutera des compléments, voire des fioritures, mais qui ne remettent pas en cause ce que l'on tient pour « l'ordre naturel ». Il est juste que le fruit, qui a suscité le désir, soit mis en avant, puisqu'il faut le concevoir comme la cause de l'ensemble.

Nous donnons quelques échantillons de ces additions qui ornent la proposition principale et parfois vont jusqu'à la cacher.

1/ Ainsi, au lieu de « Alexandre vainquit Darius », on gagnera à compliquer cette simple donnée, sans en altérer pour autant le

1. Condillac, *Essai sur l'origine des connaissances humaines*, *O.C.*, 1798, t. I, p. 366.

contenu. Nous écrirons par exemple : « Darius, roi des Perses, qui était à la tête d'une armée nombreuse, fut vaincu par Alexandre, roi de Macédoine. » Cette sorte de vaste apposition souligne un peu plus la liaison principale.

2/ Parfois, on recourt à des adjonctions mais elles sont situées soit au commencement (ce qui va provoquer l'intérêt) soit à la fin. Dans les deux cas, on respecte et entretient la consécution de base ; on intervient avant qu'elle ne commence ou lorsqu'elle est achevée.

3/ Troisième éventualité : une notation faible quant à son volume ou sa longueur doit être placée au début parce que l'on ne saurait poser du lourd ou du compact sur le léger ou le mince. À l'inverse, on déplacera les localisations, afin d'assurer un équilibre intrapropositionnel. L'écriture tolère, plus facilement que la parole, cette exigence de construction, parce que la prononciation se perd dans le dédale de tous ces réarrangements.

Une solution ingénieuse soude entre elles plusieurs propositions, qui, malgré cette connexion, conservent leur indépendance (des comparatives) : « Pierre est plus habile que Paul et Jean » ; il est équivalent de soutenir que Paul ou Jean sont moins habiles que Pierre, mais ici, nous rétablissons dans son entier ce qui avait pris un tour elliptique. Et, dans ce cas, il nous faut compter trois sujets. Les trois propositions n'en font qu'une, mais, en même temps, chacune renforce la structure de base, celle du « S est P ».

Deux ou trois constructions jointes, deux énoncés tronqués, sans être diminués (car on a pu réduire le volume), nous pensons qu'ici la philosophie du mot a été confirmée, puisque le moins donne, sinon un plus, du moins l'équivalent, un bénéfice qui aidera à la rapidité de la transmission.

Nul n'a été surpris par l'importance reconnue au prétendu « ordre de la nature » qui avantage l'objet (le fruit) avant l'acte (le vouloir), et ce dernier avant celui qui pourra le capter. Une telle séquence convient à une philosophie d'inspiration empiriste qui nous détourne du sujet et, dans les commencements du moins, défend une perspective extériorise. Mais les théoriciens ne s'accordent pas avec un tel agencement. Et, en effet, cet ordre naturel impose une autre disposition. Comme le remarque du Marsais, « Il faut être avant que d'opérer, *prius est esse quam operari*... Il faut avoir une existence réelle ou imaginée, avant que de pouvoir être considéré »[1]. On en revient subrepticement à l'obligation d'un sujet préalable.

Chacun se targue de s'aligner sur l'ordre mais qui reconnaître comme premier : le fruit désiré ou celui qui le convoite ? On entrevoit cependant la solution, ou plutôt le compromis qui met fin à cette guerre : sera conservée à tout prix la logique du « S est P », mais on la sèmera de quelques dérogations ponctuelles, destinées à éviter la monotonie. L'oralité appelle ce genre de couplage, parce que l'on ne peut pas, pour être entendu, proposer des phrases trop tourmentées ou toujours nouvelles. On se contentera, plutôt que de surcharger la principale, de greffer sur elle des subordonnées (concessives, finales, consécutives, etc.) nettement distinctes, bien qu'inséparables d'une base promise à la fixité (une morphologie de type arborescent).

Les auteurs divergent quant à leur évaluation de la construction, certains refusant toute idée de synergie, Condillac, notre mentor, d'abord : « Il y a des esprits qui ne recherchent que l'ordre et la plus grande clarté, il y en a d'autres qui préfèrent la variété et la vivacité... Il me paraît que les avantages de ces deux langues sont si différents qu'on ne peut guère les comparer.[2] » Plusieurs excluent le mélange de ces deux types d'organisation ;

1. Du Marsais, « De la construction grammaticale », dans sa *Logique et Principes de grammaire*, 1769, p. 246.
2. Condillac, *Essai sur l'origine des connaissances humaines*, *O.C.*, 1798, t. I, p. 415.

d'autres ont souhaité revenir à la flexibilité de tous les éléments de la phrase (tous les mots sont concernés, y compris les verbes puisque leur terminaison indique la place à leur réserver comme la fonction à assurer). Le « Alexandre vainquit Darius » (la désinence convient aussi au nom de personne) se renverse en un identique « *Darium vicit Alexander* ». Par ce tour, on évite l'uniformité qui contamine l'assemblage du « S est P » mais on récolte un autre avantage : on ne s'attendait probablement pas à la victoire d'Alexandre ; Darius, placé devant le nom du vainqueur, insinue sa puissance et la surprise que provoqua sa défaite. Mentionnons que l'on ne donnera pas dans tous les rapprochements tel le « *vicit Darium Alexander* », car l'idée d'*Alexander* serait séparée de celle de *vicit* à laquelle elle doit être liée immédiatement.[1]

Nous privilégions la construction classique ; pour l'agrémenter et la sortir de la grisaille que lui vaut la répétition, nous admettrons quelques ingénieuses articulations intersegmentaires qui enrichissent la phrase. D'abord quelques redoublements sont admis, ici ou là ; ainsi « je l'ai vu de mes propres yeux » ou, plus succinct, « je me meurs ». Nous le soulignons parce que de tels énoncés vont à l'encontre de notre thèse selon laquelle le langage vise essentiellement la concision et donc l'amenuisement, qu'il se doit d'enfermer le plus dans le moins et que le simple mot résulterait de cette stratégie matériologique de la transmission. Comment admettre le recommencement ? Mais nous acceptons ces apparents manquements à la règle parce que l'écrit doit pouvoir coefficienter ce qu'il affirme. Ne le privons pas de l'énergie ! Mais surtout, il est une fonction de nos lettres, dont il n'a pas été question : de l'obligation d'échapper aux normes (la dangereuse normalisation qui affadit le message) et même d'admettre de l'imprévisible ; il convient d'empêcher les excès dans la régularité.

1. Condillac, *Essai sur l'origine des connaissances humaines*, *op. cit.*, p. 407-408.

Autre situation brouillée : nous croyons observer la présence de mots en trop, du genre « j'ai peur qu'il ne m'oublie » ou « j'empêcherai qu'il ne vienne ». Du Marsais devait se focaliser sur ce « ne » dont il ne voit pas le rôle ; il propose même sa suppression. « En ces occasions, on est occupé du désir que la chose n'arrive pas, on a la volonté de faire tout ce qu'on pourra, afin que rien n'apporte d'obstacle à ce qu'on souhaite.[1] »

Remarque peu claire, ce grammairien préconise l'effacement du « ne », mais à quelques lignes d'intervalle, il tente de le justifier. Plus simplement, nous sommes entré dans la superposition des structures, la classique et celle qui révèle ce que nous pensons ou désirons. Les deux dispositifs se mêlent jusqu'à quitter un instant le linéaire ou le rigoureusement successif (le couplage du « il va venir » et « pourvu qu'il ne vienne pas »).

Enfin, à d'autres moments, le grammairien reconnaît que le mot lui manque ; il va devoir charger certains éléments de la phrase de venir à la rescousse. Ainsi, « c'est un grand art de cacher l'art », pour reprendre Du Marsais ; « cacher l'art » devient incontestablement le sujet (une périphrase). Parfois, dans quelques cas plus complexes, la solution en sort légèrement entortillée, mais n'en est pas moins rétablie la logique de la construction classique.

Il conviendrait – afin de constituer cette science de la phrase et du mot – d'allonger la liste des micro-architectures mises en œuvre par l'écriture ; nous venons seulement d'en évoquer trois, parmi les plus élémentaires ; il en découle bien une discipline chargée de la morphologie propositionnelle (une proto-architecture).

Il faudrait aussi examiner, sous le même angle, la manière dont les langues ont eu recours à des fabrications nouvelles ; nous devrions même en arriver à comprendre pourquoi telle ou telle

1. Du Marsais, « De la construction grammaticale », in *Logique et Principes de grammaire*, *op. cit.*, 1769, p. 275.

structure a été, ici ou là, privilégiée ou renouvelée (une linguistique comparative).

C'est entendu. Les mots et la phrase qui les enserre s'autocolorent et s'autodéterminent mutuellement ; il suffira d'en changer une seule lettre pour tout renverser de cet échafaudage. Mais il nous faut revenir sur l'opération terminale de notre genèse des mots, qui consiste à les inscrire sur un support qui s'y prête, en vue de leur conservation. Nous devons remplacer les phonèmes par des équivalents plus informants, linéarisés – une sorte de peinture de la voix.

Déjà une question nous arrête : nous sommes obligé d'admettre, dans l'exercice de la parole, une participation du corps – la prononciation, la modulation du souffle, le timbre, l'entrée sur la scène du bucco-laryngé, et alors que l'écriture aurait rompu tout lien avec une sourde psychomotricité. Mais, par là, on oublie que la lecture que cette écriture impose ne va pas sans un accompagnement acoustique virtuel. Bien que nous soyons enfermé dans le silence, nous continuons à parler (nous pouvons surprendre l'imperceptible, l'infime mouvement des lèvres, une véritable agitation).

Mais la critique la plus violente à l'encontre de cette opération de transfert d'un registre à l'autre a été orchestrée par H. Bazin, dans son ouvrage *Plumons l'oiseau*. Il a mis en relief l'arbitraire et même la fausseté de la graphie (par-dessus le marché, la guerre est déclarée à l'orthographe grammaticalisée que nous avons louée). Il devait insister sur la fâcheuse inadéquation entre la parole et son écriture. Le mot d'*oiseau* a servi d'étendard, parce qu'il aurait dû s'écrire *wazo*, ainsi que nous le prononçons. Et cet *oiseau* ne peut pas se comparer à *wazo* : le *oi* n'est vraiment reconnu et mis à sa place qu'avec Moïse, le *s* est mieux rendu par un *z* et quant à la finale, on aurait dû ne pas se priver du *o* simple et seul, alors que, dans le mot habituel, on mobilise trois voyelles de notre alphabet, aucune d'elles n'entrant dans le correctement écrit.

Ce n'est pas là une exception, tout notre vocabulaire est à revoir ; il suppose un vrai langage que démolit le langage officiel. Ainsi l'élève *Sophie* doit désormais devenir *Çaufy* ; à nouveau, aucune des lettres de l'ancienne écriture ne convient, toutes les six ont dû être remplacées. La science du nom et de la phrase en sort incendiée.

H. Bazin n'a pas manqué de reprendre ce que les adversaires de l'écriture ont commenté : au Moyen Âge, les scribes sont chargés de reproduire sur les registres de l'état civil les décisions des juges, ils sont rémunérés à la ligne ; en conséquence, ils ne cessent de jumeler les consonnes, afin d'augmenter leur rétribution. On a vu là un des motifs d'une écriture faussée, déformée.

Mais nous accordons peu de poids à ce dernier argument : en effet, à examiner les textes anciens, nous remarquons combien les lettres se tiennent et ne laissent pas d'intervalle entre elles ; et les phrases, toutes fondues les unes dans les autres, en deviennent illisibles ; mais les scribes y gagnent, parce qu'il faudra leur demander leur aide, eux seuls pouvant sortir le texte de son étouffement. Une fois de plus, le professionnel de l'écriture défend les gains de sa profession. Si, précédemment, il allongeait les mots, désormais il les resserre. Ces deux manipulations s'opposent ; de là, notre réserve vis-à-vis de ces explications.

Que conclure au sujet de la thèse de la phonétisation, celle qui aligne la graphie sur la phonie, en conséquence de quoi le *wazo* l'emporterait sur *oiseau* ?

Nous nous opposons à cette conception ; nous n'avons pas cessé de reconnaître l'autonomie et surtout la supériorité de ce qui prolonge et dépasse l'oralité.

Premièrement, les homophones pullulent (du genre, maire et mère), à la différence des homographes assez rares (les fils et les fils ; la bière, boisson alcoolisée et la bière, le cercueil, deux féminins). Arrêtons-nous sur cette simple expression : « Les importations de vin espagnol (ou espagnoles) ». Seule l'écriture me donne la clé d'une telle qualification : à l'aide d'un presque rien (un *e* muet), le morphème grammatical modifie le tout. L'écriture, que l'on souhaiterait réduire, me renseigne mieux ; aussi doit-elle s'affranchir d'une parole approximative.

Ce n'est pas la thèse de tous. C'est pourquoi l'on ne cessera de rappeler ce qui abaisse le déposé, tracé sur le papier : *honnête* et *honorer*, deux notations pour des mots d'une même famille, le pullulement dangereux des signes, de même, avec *folie* et *folle*, *sonore* et *sonnette*, *rationnel* et *rationalisme* (le rationnel en perd sa rationalité, etc.).

Ultérieurement, nous pensons pouvoir montrer l'inconsistance de ce dernier argument, mais sans attendre, revenons vite sur les prouesses qui sauvent la graphie. D'abord, on a su améliorer et mécaniser la fabrication du texte (l'imprimerie à l'aide de caractères mobiles), alors que la parole reste encore la prisonnière de la corporéité (le dire). La lecture, qui entre dans ce débat philosophique, vient compliquer la situation parce qu'à la fois liée à la voix mais aussi à l'écriture (on lit ce qui a été préalablement imprimé ou du moins inscrit, on est mis en présence des mots). Mais, à la différence d'une lecture virtuelle, entièrement visuelle, le locutoire est retardé du fait de sa soumission au corporel ; il ne peut pas survoler les lignes et atteindre vite la fin de l'exposé. Nous opposons ces deux approches, l'une lente (la lecture effective) alors que l'autre, qui relève d'une entrée directe dans l'écriture, glisse sur les lettres et frappe par sa célérité.

Serait-il possible que l'homme se soit battu pour inventer un super-codage qui ne lui apportera rien de plus ? Il devait y gagner, aussi avons-nous écarté la stratégie rétrograde, relative de l'oralisé. Si *oiseau* ne coïncide pas exactement avec le parler, nous nous en réjouissons. L'extrême fidélité nous priverait d'un mot (*oiseau*) qui désigne le volatile mais qui, en même temps, y ajoute un document (à analyser).

Nous ne cessons pas d'insister sur le fait que la parole suppose la présence d'un ou de plusieurs interlocuteurs (hier du moins) ; on parle à un « autrui » présent, ce qui limite sa portée. On écrit seul mais pour une large communauté (encore virtuelle). On n'est borné par rien ; on pourra en conséquence refondre le message et le corriger. Les deux exercices ne peuvent pas se confondre, bien que « *wazo* » réduise rageusement l'un à l'autre. Le philosophe se doit de sauver les lettres d'une immersion dans ce qu'elles nomment ; il n'accepte pas une écriture réduite à la seule répétition.

La discussion précédente nous ouvre à un vaste problème que nous ne pouvons pas ne pas évoquer puisqu'il porte sur l'essentiel et entraîne des conséquences d'importance.

Il nous faut choisir entre deux directions ; nous nous trouvons à un carrefour : ou bien l'orthographe innove et nous aide à mieux comprendre et aussi à silhouetter les choses ; elle obéit à des régies qui la conditionnent. L'épistémologie, qui doit s'élever au-dessus du champ expérimental, tient cette discipline (la Science des mots, leur orthographe) comme ce qui doit venir à bout de deux exigences contraires : assurer l'unité de toute proposition (grâce aux accents, aux accords, aux préfixes et suffixes, aux désinences) mais en même temps préserver la diversité, qui d'ailleurs subsiste même dans un énoncé apparemment tautologique (tel « un sou est un sou », la différence est bel et bien sauvegardée).

Ce statut de la phrase doit nous éloigner autant des excès du monolithisme que d'une diversité qui éparpillerait l'ensemble. Avec l'écriture triompherait l'ordre ; nous serions confronté moins à des bizarreries – la victoire de l'usage – qu'à des considérations théoriques fondatrices.

Ou bien – autre direction – cette écriture nous vaudrait un tohu-bohu sans égal, à tel point que le même s'exprime différemment (la synonymie) ou qu'à l'inverse, des mots contraires servent à nommer le semblable. Ainsi, le mot *kola* s'écrit aussi bien *kola* que *cola* ; il se range tantôt dans le genre masculin, tantôt dans le féminin. Il est vrai que, pour effacer une telle dualité, on réserve le masculin à la plante et le féminin à la graine. La babélisation du langage ne laisse guère de doute. Un ethnologue nous apprenait que « la neige » a reçu de nombreuses appellations, selon qu'elle tombe, ou qu'elle fond, ou même selon la violence de la tempête. De telles discordances sèment la confusion.

Cette seconde théorisation tend à l'emporter. Il s'ensuit qu'une épreuve comme la dictée en perd sa validité. Nous pensons qu'elle est maintenue parce qu'elle avantage, de façon souterraine, donc habile, ceux qui ont vécu au milieu des livres et des écritures ; dès l'enfance, ils ont été modelés par tout un ensemble culturel (des paroles, le vocabulaire, les discussions, les lectures). Mais les moins cultivés ne sauraient se retrouver dans un tel imbroglio, au milieu d'arguties sans fin et qui contribuent à entretenir et à consolider la hiérarchie, celle qui favorise la bourgeoisie des lettrés, car la bourgeoisie des affaires, des marchés et des marchandises se désintéresse de ce qui, à ses yeux, est mineur (ce ne sont que des mots !). Et cette même orthographe mal comprise ne va pas sans volatiliser quelque peu le savoir ; elle accuse la pente idéelle, elle sert également les habiletés de la rhétorique, se prêtant aussi à la rêverie, parce que les mots n'opposent aucune résistance aux divagations.

Ce seul mot de dictée nous heurte, tant il va de pair avec ceux de sa famille lexicale – l'édit, le diktat, la dictature. Et pourquoi appeler « fautes » les irrégularités de la graphie, comme si, pour cet exercice, le moindre écart traduisait la révolte, une coupable désobéissance ? Mentionnons qu'actuellement le maître, quand il n'a pas encore renoncé à cette épreuve, la prépare, en ce sens que le texte est donné à l'élève mais à l'avance, afin qu'il s'en imprègne ; il pourra aussi questionner à son sujet. L'erreur fondamentale de la pédagogie est venue de ce qu'elle tendait préalablement à évaluer ce savoir (celui des mots et de leur agencement) avant que de l'avoir enseigné. Il faut inverser les moments. Il n'en est pas moins consternant que, dans des concours de recrutement de haut niveau (en médecine particulièrement, avec l'internat), des points supplémentaires sont accordés à ceux qui respectent les normes de l'expression écrite ; inversement, seront pénalisés ceux qui s'adonnent à l'écriture phonétisée (un sacrilège culturel). N'en concluons pas que nous allons apprécier les jeux à la Pivot, car ils réduisent l'orthographe à un fouillis d'exceptions et de complications ; notre vocabulaire en sort disloqué et sûrement fragilisé.

L'enseignant croit trop que tout va de soi : à la manière de Voltaire dans son *Dictionnaire philosophique*, il pense que l'écriture représente la parole et que celle-ci, à son tour, dit la chose elle-même. C'est justement cette double équivalence que nous avons combattue ; premièrement, le mot ne s'emploie pas à recopier la chose, il l'interprète et en souligne l'essentiel ; secondement, l'écriture ne reproduit pas la voix, elle s'ajoute à elle et l'intègre dans un vaste système qui l'éclaire. Tout notre exposé roule sur cette double différenciation.

Le maître d'école ne voit pas assez la finalité d'un tel exercice qui porte sur l'écriture ; il n'en discerne pas le lourd arrière-fond politique (une école qui se dit d'autant mieux travailler à l'égalité des chances qu'elle participe victorieusement à l'inverse). Il faut changer, en conséquence, l'esprit et les méthodes d'une telle pédagogie. Telle qu'elle est conçue, elle assure l'inégalité, ce qui choque d'autant qu'elle peut et doit servir l'opposé, c'est-à-dire la vie communautaire (l'unicité du verbe). L'élève doit apprendre à entrer dans la Cité et à en respecter le fonctionnement (on commence par la parole et aussi le scriptural).

Entre autres mérites, on sait gré à l'écriture de combattre les homonymes, source de désordres. On doit surtout, en dépit de quelques accrocs, reconnaître que l'écriture obéit à une logique élémentaire et que les complications ou l'arbitraire dont on l'accuse signifient plutôt la flexibilité de ses principes de base. Ainsi, on va distinguer, dès l'une des premières leçons de la grammaire, les singuliers et les pluriels, mais ils seront vite suivis des « singuliers-pluriels ». Au tout début encore, on demandera que soit respecté à tout prix l'accord entre les composants de la préposition (le principe unitaire, la connexion de base) : le participe passé doit donc être relié à son complément mais à la condition qu'il soit placé avant lui dans l'énoncé – juste exigence, car s'il était disposé après lui, s'il avait déjà été dit ou écrit, on ne va pas revenir en arrière, après coup, pour marquer le lien (le féminin notamment). Le langage – oral ou écrit, surtout oral – écartera les substantifs trop volumineux, qui ne peuvent que ralentir la transmission. Pour un tel effet économique de moyens, sera accentuée la première syllabe et sera diminuée voire exténuée la terminaison. N'est-ce pas là une opération salutaire et donc justifiée ?

La rationalité explicative de l'écriture – trop peu reconnue car on préfère absolutiser les faits (le « c'est ainsi ») et se méfier des théorisations parfois hasardeuses – se dégagera, d'autant que nous allons en appeler à quelques types d'analyse qui tous légitimeront les structures lexicales.

N'oublions pas ce que le Chevalier de Brosses démontrait : il partait de langues nationales nettement différentes mais découvrait vite en elles leur secrète similitude ; il lui suffisait de substituer, aux sons les plus aigus de l'une, les mêmes, mais un ton au dessous pour les autres ; il en résultait le même mot, malgré l'écart.

Pareillement, le groupe *str* (la force, une force qui « râpe ») entre dans de nombreux termes anglais (to *str*etch, étirer, to *str*uggle, lutter, voire *str*eight, étroit) mais il nous vaut une famille comparable en français (*str*ident, *str*ict, *str*ess, *str*ier). En principe, selon nous, les langues divergent notablement parce que chacune extériorise un aspect de la chose qu'elles orchestrent, mais il est aussi quelques compositions qui ne peuvent pas éviter une plage commune (mimologique, puis retranscrite) car tout ne saurait dériver de la singularité.

Les linguistes se sont intéressés aux familles de mots désorganisées et plus particulièrement à celles qui doublaient leurs consonnes ou même leurs voyelles (alcool). Pourquoi la gémellité, pourquoi deux *m*, quand un seul pourrait suffire ? À lire les actes d'un colloque international consacré à cette question (janvier 1973), on connaît la conclusion qui s'est imposée, à savoir la distinction entre les mots savants et les mots populaires (plus usés).

Les mots *chariot* et *charrette* ont été largement évoqués : tous deux, d'ailleurs, dérivent de *carrulus*, *carrus*, qui s'inspire directement de la forme et aussi de la fonction de cet engin.

La double lettre résulte parfois de la prononciation : *croisent*, par exemple, ne doit pas se confondre avec *croissent* (et bien que l'écrit ne soit pas dans l'obligation de s'aligner sur la phonie, thèse que nous avons éloignée). On ajoutera que certaines consonnes ne sont jamais doublées (les h, j, q, v, w, x) quand d'autres le sont souvent, mais la fréquence d'une modification ne la justifie pas pour autant. On admettra que, si la terminaison d'une sorte de préfixe et l'initiale du radical récepteur sont identiques, deux évolutions deviennent possibles : on imagine que l'une des deux lettres communes va disparaître, ou alors on tient à insister sur un accrochage des deux composants qui conservent leur intégralité (*sur*réalisme, un réalisme qui dépasse le réalisme).

Est-ce, ici ou là, des questions ponctuelles ou futiles, mais une simple lettre déplacée ou ajoutée ou maintenue ou effacée modifie la proposition. Dans *aculturation*, le *a* vient de « *ab* » qui, en latin, traduit l'éloignement, donc le manque de culture, alors que, dans *acculturation*, le *a* (pour *ad*) conserve ses deux *c*, le *ad* indiquant l'adaptation à une culture étrangère ; le « *ad* » latin signifie la tension vers. Ici encore, il a fallu régler la question d'un *c* redoublé, et, corrélativement, la question de lettres qui disparaissent (le *b* ou le *d*).

L'usure ainsi que l'étymologie suffisent à rendre compte de certaines bizarreries, mais l'analyse saura les éclairer. Soit le groupe (*folie, fou, folle* et *fol*). Il convient de partir de *follis*, une balle qui va d'un côté puis de l'autre ; en général, on s'aide de l'accusatif, de là, *folle* ; l'accent tonique souligne le *fol* ; le « *l* lingual » peu stable nous vaudra *fou*. Et de même que le « *malade* » a introduit la *maladie*, de même nous passerons de « *fol* » à *folie*.

Nous tablons à la fois sur l'origine (le bas latin), la prononciation, la loi des familles lexicales.

Il se peut que nos brèves explications soient insuffisantes et discutables mais nous en retenons qu'il importe d'appliquer des règles et de situer l'onomastique au croisement de plusieurs disciplines (histoire, géographie, phonétique, linguistique comparative, logique, etc.).

Un mot ne s'écrit pas n'importe comment et, en toute hypothèse, on n'écrit pas comme on parle. Et s'il arrive au parler de retentir sur la graphie, celle-ci ne saurait s'y réduire.

Chapitre IV

L'ambivalence lexicale

NOUS NE SOMMES PAS DEVENU un partisan acharné des mots, au point de les fétichiser ; il n'est rien d'ailleurs qui ne soit entouré d'un cercle noir, et le vocabulaire n'échappe pas à la règle.

Nous n'acceptons pas pour autant toutes les critiques qui affaiblissent le principe souverain de la « dénomination » : ainsi, il a pu être prétendu que les mots s'offrent à nous à travers un nuage de duplicité ; celui qui me dit « oui » laisse entendre, au moins par sa prononciation, une probable réticence qui tourne au « non ».

Pire, une fois sur deux, nous ne savons pas exactement ce que notre interlocuteur a voulu dire, encore moins pourquoi il le dit. Les mots que l'on prenait pour des agents de la clarté et de la distinction travaillent tout autant à répandre l'indétermination. Mais c'est là aussi un bénéfice que celui d'un dire qui échappe à la monovalence. Le « oui mais » nous éloigne d'une réplique mécanisée et assurée.

On reproche aussi au langage d'avoir multiplié les synonymes, alors qu'en principe, il visait l'économie et la contraction.

Corrélativement, les langues vernaculaires, malgré les tentatives de ceux qui croient repérer en elles des concordances, ne se ressemblent pas ; c'est donc l'émiettement sinon même la cacophonie. Mais nous avons vu, dans cette pluralité, une richesse et non pas le commencement de la babélisation. Les langages ne traduisent pas scrupuleusement le réel, car, dans une telle perspective ils devraient tous se ressembler, alors que chacun d'eux nous délivre une vision du monde, subreptice, et sans doute inapparente. De même, nous nous réjouissons de la flambée des synonymes, parce que chacun d'eux nous vaut une nuance ou une légère différence. Grâce à eux, nous évitons la monotonie, le retour du même. Ainsi, glaive et épée sont tenus pour deux termes sensiblement égaux, mais ils introduisent une référence à la hiérarchie sociale, car le premier des deux vocables convient à l'aristocratie, quand le second, plus ordinaire, renvoie au moindre porteur ou au simple armurier.

Les mots s'avèrent plus dangereux qu'on ne le pense : les plus neutres ou les plus plats glissent avec eux, sous eux, des présupposés ou un subtil implicite ; le récit le plus innocent et le plus objectif, du moins celui qui se veut tel, passe déjà par un cadrage inévitable et nous suggère indirectement une appréciation qui dépasse le plan du phénoménisme.

Mais nous savions que les mots ne recommencent pas le réel (auquel cas, à quoi bon ? nous ne parlerions même pas), ils l'interprètent, ils en appellent à des valeurs ou à des régies – nous prenons parti, nous nous prononçons. Aussi nous ne retiendrons pas ce reproche parce que cette situation valorise les mots qui ne sont pas voués à la redite. On croyait devoir mettre en garde contre eux, mais il faut les louer déjà de leur secrète polyphonie.

Nous réservons toutefois aux mots une accusation fondamentale, qui concerne leur statut philosophique : ils oscillent souvent entre deux positions antithétiques, ils se heurtent à la difficulté de se situer entre deux extrêmes, ce qui les perd.

En effet, nous n'ignorons pas que le mot doit quitter la chose qu'il nomme pour pouvoir la nommer. Cette appellation implique une distance qui permet une aperception globale. Il faut renoncer à la fusion avec le nommé et à tout excès de proximité. Mais si le mot s'éloigne trop, il finit par ne plus se rapporter à quoi que ce soit ; il se volatilise, il se perd dans les fumées imaginaires. On déplore le vide dans lequel il est tombé.

Dès que le mot cède à l'une de ces deux tendances (soit la fusion, soit un trop grand écart) il n'assure plus sa fonction, celle que nous avons reconnue, l'équivalence à la chose qu'il délivre de sa propre lourdeur et de son « être là ». Cessons de ne voir en lui qu'un moyen – un simple étiquetage que l'on pourrait modifier.

En effet, nous avons reconnu son pouvoir diacritique (il distingue) et surtout ontologique, puisqu'il sauve l'objet désigné de sa pauvreté et de sa quasi-inexistence. Nommer, c'est bien promouvoir à l'être et aussi à l'histoire, c'est reconnaître la singularité de ce que l'on écrit ou de ce que l'on prononce. Et nous souhaitons, en conséquence, un terme qui ne se borne pas à une particularité, même s'il permet d'identifier ce qu'il évoque.

Aussitôt nous entendons une critique inévitable, destinée à affaiblir tous les lexiques : imaginons que nous soyons mis en présence d'un oiseau (nous aurions pu, avec Locke, nous arrêter sur la chauve-souris, plus embarrassante). Ici, avec ce qui nomme le volatile, nous avons évité l'éloignement dissolvant autant que la coïncidence, qui entraîne la disparition de ce signe ; mais que récoltons-nous, sinon un mot (« oiseau ») un peu creux et général ? Il nous faudrait un mot qui indique à la fois le genre, l'espèce, ainsi que ce qui individualise l'animal en question. Nous devrions pouvoir compter sur un équivalent le plus mince possible, et sur du plus riche que le modèle.

Nous ne réussissons que rarement ; de là, notre réserve. Et, en effet, le pire arrivera. S'il est trop éloigné ou s'il se fond trop dans ce qu'il devrait seulement indiquer, il finira par servir le fantomal (l'inexistant) et nous trompera. Nous passerons du règne des *nomina* à celui des *numina*.

C'est là notre principale critique ; de là notre conseil : méfions-nous des mots, l'arme la plus dangereuse et la plus rusée ! Autant nous renonçons aux objections ordinaires et sans force, autant nous reconnaissons la fragilité des mots et surtout leur difficulté à se positionner vis-à-vis de la chose, ni trop loin d'elle, ni trop proche.

Pour le mieux concevoir, nous nous proposons de rappeler la thèse de J.-J. Rousseau, son violent réquisitoire (*Essai sur l'origine des langues*). Nous ne devrions pas nous y attarder, d'abord parce que nous ne la partageons pas (c'en est l'opposé) et aussi parce qu'elle se situe en marge de notre développement, mais la philosophie de Rousseau renouvelle comme nulle autre la question de la désignation.

Le philosophe (lui-même abandonné dès l'enfance et qui abandonnera ses enfants) ne se console pas du renoncement à la chose (la privation) et il tient le langage pour le responsable de cette déliaison, source elle-même d'une déviation socio-politique. Il importe de revenir aux choses mêmes. Le cratylisme tente bien de nous consoler, à sa manière, tant il croit apercevoir dans nos vocables la silhouette de ce qu'ils évoquent, mais les excès de cette explication nous en détournent d'autant plus que le mot ne saurait servir à la simple reproduction de la chose – il en propose l'intelligence ; il excède le simple enregistrement ou la reproduction.

Déjà, dans l'*Émile*, Rousseau dispense son élève de tous les exercices scolaires : il rejette « la paperasserie et la bouquinerie », pour reprendre ses propres expressions.

« Les choses ! Les choses ! Je ne répéterai jamais assez que nous donnons trop de pouvoirs aux mots : avec une éducation babillarde, nous ne faisons que des babillards.[1] » J.-J.Rousseau ne cesse de célébrer la fusion avec la chose. Dans l'*Émile* encore, il va jusqu'à contester la possibilité d'une « science des mots » : « Qu'est-ce que le pédagogue apprend à l'enfant ? » Suit la réponse : « Des mots, encore des mots et toujours des mots.[2] » Ou encore : « Que sert d'inscrire dans leur tête [celle des enfants] un catalogue de signes qui ne représentent rien pour eux ? Et en apprenant les choses, n'apprendront-ils pas les signes ?[3] » D'un bout à l'autre de l'ouvrage, le « mot » est écarté (et plus encore l'orthographe) comme arbitraire, sans lien avec ce qu'il nomme. L'écriture est particulièrement maudite, quand la parole est, en partie, épargnée. En effet, dans l'*Émile*, plusieurs modalités de voix sont reconnues à l'homme, à savoir la voix parlante ou articulée, la voix chantante et mélodieuse, la voix pathétique ou accentuée, qui sert de gage aux passions, qui anime le chant et la parole. Or, quand nous mêlons ces trois voix, il en résulte un échange sonore qui s'émancipe du rôle habituel dévolu à la phrase, avec la malheureuse prédominance des consonnes, tellement on vise alors l'exactitude.

C'est l'écriture qui est spécialement visée : elle explique la perte de notre monde, l'entrée dans un univers calculique et même tyrannique. (Au passage, Rousseau note que l'algèbre multiplie les formules hyper-logiques et même universelles) ; mais celles-ci ne se « parlent pas », elles ne nous proposent qu'un ensemble froid, favorable à la séparation et non pas à la chaleur communicative.

1. J.-J. Rousseau, *Émile*, livre III, *O.C.*, éd. de 1829, t. III, p. 257
2. *Ibid.*, livre II, p. 134.
3. *Ibid.*, livre II, p. 140.

La critique s'adresse ici à Leibniz et à sa combinatoire. Rousseau déplore l'oubli des choses : pour lui, le seul langage humain et acceptable suppose seulement des gestes, la présence, l'énergie passionnelle, le mimétisme, tout à l'opposé du grammatical et du raisonné.

« L'écriture qui semble devoir fixer la langue est précisément ce qui l'altère ; elle n'en change pas les mots mais le génie, elle substitue l'exactitude à l'expression.[1] »

Nous avons développé et analysé préalablement la séquence qui explique l'origine et l'évolution du langage : nous passons de la mimique plus ou moins imitative (et plutôt moins, parce qu'il faut accorder sa part au désir, à l'accaparement ou au rejet) au dessin expressif, puis aux sons et enfin au graphe bientôt alphabétisé. Rousseau a suivi le chemin exactement inverse. Il rejette tout ce qui nous éloigne du réel, afin de communier avec lui. L'écriture, l'agent pernicieux de la séparation et du décalage, ne peut même pas servir de supplément à la parole, puisqu'elle l'altère.

Nous ne pouvons pas imaginer une conception plus opposée à celle que nous avons préconisée. Rousseau recourt à de nombreux arguments ; parmi les plus originaux, retenons au moins celui-ci : Rousseau en appelle à de vastes considérations qui touchent au climat, à la terre, à l'eau et aux occupations des hommes. Justement, l'écriture (désavouée) reproduit, à sa manière, les premiers travaux agricoles, quand le pauvre laboureur s'attaque aux terres peu fertiles. Il lui faut remuer la glèbe ingrate. Or le scribe, lui aussi, avance par sillons, alternativement, en allant de gauche à droite et, en retour, de droite à gauche. La difficulté d'écrire dans les deux sens le poussera ultérieurement à renoncer à la double direction ; il ira désormais de gauche à

1. J.-J. Rousseau, *Essai sur l'origine des langues*, *op. cit.*, p. 67.

droite (remarquons qu'il ne pouvait pas retenir la disposition verticale, celle du peuple chinois). La marche horizontale entraîne toutefois « un saut auquel l'œil est obligé » à la fin de chaque ligne ou au commencement de la suivante. À l'opposé, la parole renvoie à des temps heureux, ceux du soleil ou d'une eau que l'on tire des puits, alors que l'écriture s'inspire d'une lutte contre les éléments (les inondations, les tremblements, le froid et la raréfaction).

On conçoit qu'en présence des éléments hostiles et d'un sol réfractaire, l'homme réagisse par une voix âpre et des articulations propres à la colère ; de même les mots exprimeront surtout l'irritation.

Rousseau part en guerre contre le livre, l'imprimé qui nous vaut les placards au coin des rues, les affiches. Après qu'il nous a déjà séparé des choses, il nous éloigne de nos semblables (la fin de l'intersubjectivité). Seuls, nous ne cessons pas de lire, le livre va partout. La prononciation s'en perd : « En disant tout comme on l'écrirait, on ne fait plus que lire en parlant.[1] »

Il en résulte que les hommes, quand ils sont réunis, ne parviennent plus à s'entendre, dans les deux sens du mot : « Nos prédicateurs se tourmentent, se mettent en sueur dans les Temples, sans qu'on sache rien de ce qu'ils ont dit. Après s'être épuisés à crier pendant une heure, ils sortent de la chaire à demi morts. Assurément ce n'était pas la peine de prendre tant de fatigue.[2] »

La réduction du locutoire se répercute dans la diminution de l'auditif, dans la possibilité d'entendre ; elle isole un peu plus à la fois celui qui parle et celui qui le reçoit de moins en moins. Condillac, dans son *Essai sur l'origine des connaissances humaines*, avait déjà insisté sur cette surdité consécutive aux syllabes muettes et à tout ce qui assourdit le dire. « Un romain pouvait se faire

1. J.-J. Rousseau, *Essai sur l'origine des langues*, *op. cit.*, p. 69.
2. *Ibid.*, p. 199.

entendre distinctement dans une place où un Français ne le pourrait que difficilement, et peut-être point du tout.[1] »

On pourrait croire que Rousseau le vagabond accorderait de l'importance aux voyages, puisque nous serions amenés à ouvrir « le livre du monde », ce qui nous délivrerait des bibliothèques et de leurs propos falsifiés.

Mais Rousseau s'emporte contre une telle solution : « voyager, c'est errer » et subir, à nouveau, le drame de la dépossession. Aussi Rousseau conseille-t-il à Émile de choisir, une fois pour toutes, un coin de terre qui le mette à l'abri et lui assure l'indépendance, loin des hommes mais proche des choses. Méfiant à l'égard des mots, Rousseau ajoute encore : « Plus la solitude où je vis est profonde, plus il faut que quelque objet en remplisse le vide.[2] » Sans cesse le philosophe y revient : « Fuyant les hommes, cherchant la solitude, je donnai la préférence aux objets les plus agréables. » Il cherche l'entrée extatique dans le monde, le ravissement, l'abandon – notamment à l'Île St Pierre : « M'étendant tout de mon long dans le bateau, je me laissais aller et dériver lentement au gré de l'eau.[3] » Rousseau, finalement – du fait du statut métaphysique réservé aux mots et à ce qui s'écrit –, préfère les choses qui seules nous réservent l'accès à la richesse du réel ; l'écriture et même la parole forment un écran qui nous cache la chose et nous en sépare. Il nous faut nous déprendre d'un vocabulaire qui nous impose une philosophie implicite.

Il nous faut examiner la démarche opposée : les mots désormais s'élèvent dans le vide et décrochent l'un de l'autre le

1. Condillac, *Essai sur l'origine des connaissances humaines*, *op. cit.*, seconde partie, section première, p. 301.
2. J.-J. Rousseau, *Les Rêveries du promeneur solitaire*, *O.C.*, p. 494.
3. *Ibid.*, p. 462.

substrat et ce qu'il porte. En l'absence de contenu, ils fabriquent des « fantômes ». Et les philosophes anglais (Bacon, Berkeley, Locke, entre autres) s'emploieront à empêcher cette déviation (le nominalisme) qui consiste à donner des noms à des choses qui n'existent pas.

Il va falloir recourir au rasoir d'Occam parce que « *entia non multiplicanda sunt præter necessitatem* ». Cessons de couvrir l'irréel ; et, en raison du simple principe d'économie, réduisons au plus vite « les entités imaginaires ». Refusons la plupart des Universaux.

Condillac, de son côté, entrera dans la bataille aux côtés de Locke : il nous apprend, dans l'*Essai*, que « la dispute entre les deux sectes fut si vive qu'on en vint aux mains en Allemagne et qu'en France Louis XI fut obligé de défendre la lecture des nominaux »[1]. Bacon, le premier, devait mettre le feu aux poudres : « Les fantômes que les mots introduisent dans l'esprit humain sont de deux espèces : ou ce sont des noms de choses qui n'existent point... ou ce sont des noms de choses qui existent réellement, mais confus, mal déterminés, n'ayant rien de fixe et ne désignant que des notions hasardées.[2] » La différence entre ces deux catégories semble assez mince. On imagine la réplique de Bacon : « Ce qu'il faut attacher à l'entendement, ce ne sont point des ailes mais, au contraire, du plomb, un poids qui comprime son effort.[3] » L'erreur vient de ce qu'on s'élance aux principes des choses « jusqu'aux degrés extrêmes de la nature » ; on tombe alors dans la croyance à de pures abstractions. Bacon donne de nombreux exemples de ce dévoiement : il ne cesse de vitupérer contre les aristotéliciens. Il va jusqu'à écrire que « la notion de craie et celle de limon peuvent passer pour bonnes, celle de terre est mauvaise. Des notions encore

1. Condillac, *Essai sur l'origine des commaissances humaines*, p. 214.
2. Bacon, *Novum Organum*, § 60.
3. *Ibid.*, § 104.

pires, ce sont celles de certaines actions comme celles-ci : engendrer, corrompre, altérer. Les pires de toutes sont celles des qualités telles que pesanteur, légèreté, ténuité, densité, etc. »[1]. Retenons le mot d'humidité (nous dirons pourquoi) ; tout bien examiné, « vous trouverez que ce mot d'humidité n'est qu'un signe confus d'actions diverses qui n'ont rien de fixe, rien de commun et qu'il est impossible de ramener à une seule idée générale, à un seul chef »[2]. Il correspond à ce qui adhère à un autre corps et le mouille, à ce qui passe aisément, selon Bacon, « de l'état de solide à l'état de fluide, en un mot, ce qui se solidifie aisément ». Nous avons privilégié cette situation parce que Condillac la reprendra (coïncidence ou argument emprunté ?).

Condillac, en effet, se demandera si la glace ou la neige relèvent bien du concept d'eau – le liquide qui, selon lui, peut se solidifier. Les théoriciens ne peuvent pas ne pas se heurter à cette énigme ; ils n'en sortent que par un nom commun, privé de contenu.

Berkeley a livré bataille aux mots : dès l'entrée de son *Traité sur les Principes de la connaissance humaine* (1710), il spécifie « qu'il convient de proposer, en manière d'introduction, des remarques sur la nature et les abus du langage ». Berkeley accorde du prix aux idées générales mais refuse toute réalité aux idées générales abstraites propres à la scolastique. Il accuse surtout les mots d'avoir favorisé pareil dévoiement : comme ces idées abstraites relèvent des mots, on finira par employer les mots pour des idées. « Quand on sait que les noms ne représentent pas toujours des idées, on s'épargne la peine de chercher des idées là où il ne peut y en avoir. »

Locke aussi consacrera un chapitre de son *Essai philosophique concernant l'entendement humain* à envisager l'abus des mots

1. Bacon, *Novum Organum*, § 60.
2. *Ibid.*

qui alimente le jargon ainsi que l'irréel, du fait d'idées qui ont cessé d'être reliées à un contenu et qui nous leurrent. Locke donne de nombreux exemples qui illustrent cette déviation. La philosophie péripatéticienne est acquise aux « formes substantielles, aux âmes végétatives, à l'horreur du vide, aux espèces intentionnelles... Les platoniciens ont leur âme du monde et les épicuriens la tendance de leurs atomes vers le mouvement. À peine y a-t-il aucune secte de philosophie qui n'ait un amas distinct de termes que les autres n'entendent point »[1]. Locke ne cessera pas d'y revenir : on a fabriqué de nouveaux noms sans proposer de nouvelles choses auxquelles ils puissent être appliqués ; les mots (le *flatus vocis*) ont pris la place de ce qu'ils devaient seulement désigner. Locke précise sans peine le moyen grâce auquel nous pourrions nous délivrer des chimères : il suffirait de revenir aux idées simples dont nous sommes partis et de ne pas s'éloigner d'elles.

Lorsque les mots ne sont plus soumis à la nécessité d'évoquer exactement ce qu'ils désignent, les mots entrent dans le « n'importe quoi » ; on peut, avec eux, se livrer à des associations insolites. Locke en donne pour exemple cette proposition : « la neige est noire » ; il n'hésite pas à pratiquer l'insoutenable.

Le philosophe ne se doute pas qu'ultérieurement, un éminent théoricien du poétique donnera du sens à ce que Locke tient pour une absurdité. Selon Bachelard, dans son tréfonds, la neige est noire, afin que sa blancheur en sorte plus étincelante, résultat non pas d'un état mais d'une victoire incertaine. Ne nous alignons pas sur la pauvreté du donné qui se borne à la duplication de la qualité (à quoi bon ?), tant les mots autorisent non pas l'irréel mais plutôt la prise en compte de leur énergie.

Locke reconnaît aussi la difficulté de dépasser la chose, sans céder aux abstractions et aux fantasmes ; nous risquons toujours

1. Cf. Locke, *Essai philosophique sur l'entendement humain*, rééd., J. Vrin, 1972, p. 403.

d'échouer. Ainsi, dans la mesure où le chimiste trouve à la substance qu'il étudie des qualités ou propriétés imprévues, bien qu'essentielles, la séparation redoutée entre le corps et sa dénotation se produit sans qu'on puisse l'empêcher. L'or ne cesse pas d'être, dans sa compréhension, renouvelé ; le mot finit par ne plus correspondre à ce qui le nomme (le chiasme).

C'est bien pour toutes ces raisons qu'il faut se méfier des mots : leur indétermination et leur sourde confusion ne peuvent que provoquer l'incertitude et la dispute.

« Il n'y a point de terme plus commun que celui de vie et il se trouverait peu de gens qui ne prissent pour un affront qu'on leur demandât ce qu'ils entendent par ce mot. Cependant, s'il est vrai qu'on mette en question si une plante qui est déjà formée dans sa semence a de la vie, si le poulet dans un œuf qui n'a pas encore été couvé, ou un homme en défaillance sans sentiment ni mouvement est en vie ou non, il est aisé de voir qu'une idée claire, distincte et déterminée n'accompagne pas toujours l'usage d'un mot aussi connu que celui de vie.[1] »

Ici, c'est le réel qui résiste : on ne parvient pas, de façon sûre, à l'enfermer dans une appellation synthétique. On en fabrique un terme lâche (la vie) mais qui, loin d'éclairer, se borne à expliquer la chose par la chose, c'est-à-dire que l'on n'explique rien.

Finalement, de tous côtés, nous assistons à une discordance fréquente entre le mot et la chose, à l'origine de nos erreurs ou de nos éventuelles divagations. Le mot n'assure plus son rôle réunificateur – un peu à distance du réel mais sans en être dispensé (nous lui avons réservé une place statutaire, l'entre-deux).

1. Locke, *Essai philosophique sur l'entendement huamin*, Livre III, § « De l'abus des mots », *op. cit.*, p. 408-409.

Les mots ne servent pas toujours le vrai et même la réalité qu'ils doivent sauver de la pauvreté. Jusqu'ici, nous avons vu en eux des agents d'enrichissement et d'élévation.

Francis Ponge a su réussir cet auto-engendrement : ainsi, « le lézard dans le monde des mots n'a pas pour rien ce zède ou zèle tortillard, et pas pour rien sa désinence en *ard*, comme fuyard, flemmard, musard, pendard, hagard ».

Mais nous ne saurions passer sous silence le négatif de certaines désignations. Les corps nouveaux – particulièrement les plastiques de la chimie organique ou les médicaments en abondance de la médecine – nous obligent d'abord à fabriquer des appellations hyperboliques (il faut influencer l'acheteur) mais surtout nous conduisent à l'intérieur du laboratoire où s'opère la néo-terminologie. Le mot nouveau doit répondre à de nombreuses exigences : la facilité à être prononcé, la facilité à être retenu, la facilité à convaincre, voire à rassurer. De plus, ce mot cherchera, par tous les moyens, à « obséder » le client, dans la mesure déjà où il sera partout répandu – sur l'empaquetage, sur les moyens de transport, sur les journaux, sur les murs de la ville, sur les panneaux réservés à la publicité. Il s'agit désormais d'assiéger le plus récalcitrant des utilisateurs. Le terme de slogan (qui désigne le mot lui-même) convient ici : il résulte, à suivre Dauzat, de la fusion de deux syllabes gaéliques (*sluagh*, troupe et *gairm*, cri), ce qui veut dire « cri de guerre ». Il serait apparu, en Angleterre, au XVIe siècle. Il devient vite ce qui sert aussi à la propagande politique, car il convient toujours d'envahir les esprits.

Il est certain que l'on ne peut plus tabler, pour les nommer, sur la constitution de ces corps ; on renonce à la formule chimique qui cependant indiquait leur composition, leur nature même. Sinon, la solution manquerait son but, serait rébarbative, en même temps qu'elle excéderait la possibilité de la prononciation. Tout nous détourne donc de l'onomaturgie précédente – celle des mots en accord avec la substance qu'ils révéleraient. À l'opposé, nous devons accepter la dissociation entre le vocable (graphique ou phonique) et la chose, l'un ne disant plus l'autre.

Il est vrai que nous n'y perdons pas toujours ; il arrive même que l'on parvienne, dans ce dernier cas, à une solution acceptable mais à la condition de s'en tenir aux premiers éléments d'une série (chimique ou pharmacologique) surchargée.

Par exemple, le méthane (venu du grec, de *methu*, boisson fermentée) peut encore être dit ou écrit simplement (CH^4) mais il est aussi appelé « gaz des marais » ou même « grisou » ; la synonymie nous donne de la latitude en vue de la désignation. En effet, le grisou (proche du feu *brisou*, ce qui brise), un composé de méthane, contient, en plus du mot, une mise en garde implicite, du fait de la dangerosité de ce gaz. Quant à « gaz des marais », il nous dévoile le mode de production. On ne se contente plus de verbaliser ce carbure saturé, ni d'écrire sa formule structurale (C^nH^{2n+2}), mais on commence à entrevoir la nature même de ce gaz inflammable.

Mais pour les substances plus complexes, quelle terminologie adopter ?

Notre théorie en sort malmenée car nous devons, plus que jamais, abandonner ici une désignation fondée sur l'ossature de ces substances ramifiées. Nous ne pouvons ni en appeler au fondement de ces corps nouveaux (on devrait même dépasser la bidimensionalité, du fait des chaînes latérales greffées sur leur squelette) ni vanter, afin de les individualiser, l'une de leurs utilisations, car, à les réduire à un usage, on les rabaisse trop. Il nous faudra exploiter d'autres bases désignatives, soit que l'on esthétise la substance, soit que l'on amplifie sa puissance, mais en évitant un langage trop commercial.

Heureux d'entrer dans le jeu de l'onomatopée, nous emprunterons aux fabricants de mots deux de leurs réussites, encore que l'une et l'autre soulèvent des réserves.

Ainsi le gardénal – un sédatif et même un hypnotique – ne saurait s'exprimer à travers sa constitution chimique (la phényl-éthylmalonylurée) ; mais comment le nommer ? Si nous l'avons retenu pour notre commentaire, c'est parce que les Traités plaident pour une origine assez étrange : des experts (on imagine mal à quel point ce problème [la dénomination] passe pour fondamental) ont été réunis à plusieurs reprises. Or, au cours d'une de ces séances, un des membres de la consultation, mis en présence d'une audace lexicale, aurait réagi par « il faut garder *-nal* ». Mais on se plaît à forger des légendes et aussi à relativiser le vocabulaire de la fabrication.

Nous interprétons autrement la mise au point de ce vocable : le suffixe applicable aux barbituriques qui suivront renvoie au chloral, qui lui-même vient du chlore-alcool, un polysyllabique qu'il faut délester. On ne conservera que les commencements des mots propres à ces deux composants ou le procédé dit « apocope », l'inverse de celui qui efface la partie antérieure ou « aphérèse ». Le chloral, déjà contracté, sera encore amputé de son début, il ne restera plus que le *-nal*. Et quant au radical (*garde*), à lui seul il rassure, il est censé nous protéger. Au lieu d'admettre la thèse d'une invention cocasse ou du moins circonstancielle, nous préférons la thèse d'une détermination habile, en relation avec cette molécule, valorisante et susceptible de marquer la série des comparables, aux propriétés soporifiques.

Au passage, nous devons noter l'importance de la coupure qui frappe les mots trop encombrants. On peut prévoir plusieurs cas : la disparition du début parce que le reste suffit largement à l'indication de l'élément, mais, plus souvent, la suppression de la fin, le milieu étant rarement affecté parce qu'alors on atteindrait la région cardinale du substantif ; cette mutilation, peu pratiquée, nous détournerait de la fonction même du signifiant résiduel (phonique ou graphique). Bref, autant la diminution ne concerne pas le milieu, autant elle touchera la terminaison que l'on remplacera éventuellement.

Le second exemple que nous avons annoncé veut qu'un particulier, qui vendait des tissus et du prêt-à-porter, ne voulut pas reprendre pour enseigne la formule débordante « Articles exceptionnels », à la fois trop longue et aussi trop laudative. Il ne retiendra que la procédure apocope (la syllabe postérieure disparaît), d'où « Artex ». De plus, on pouvait lire, au centre de ce néologisme, ce qui n'avait pas été recherché : le mot « art » (la touche esthétique). A été élaborée une heureuse dénotation, concise, entraînante, facile à remémorer. Nous rappelons que si le vendeur vante trop le produit, il devient suspect d'exagération et de forfanterie.

Nous contestons ici l'idée sous-jacente que l'on croit pouvoir tirer de ce cas : on suggère que le « nouveau » est venu à la suite d'un simple bricolage de lettres (on en élimine) alors qu'a été appliquée une règle de la technicité élémentaire (une désarticulation du mot qui le diminue, sans l'empêcher ou l'effacer). De plus, « Artex » (au lieu d'« Articles exceptionnels ») nous vaut une dénotation abstraite, par conséquent avantageuse, parce qu'étrange, inconnue, avec un peu de baroque – un autre principe à ajouter au précédent (le moins qui donne paradoxalement du plus).

Il conviendrait que nous passions en revue les nomenclatures ordinaires, celle des métiers ou occupations, ainsi que celle des collections les plus diverses. Il faut alors distribuer ou organiser ces ensembles. Et nous pourrions retenir les vocables qui s'imposent (d'autres moins) parce qu'ils permettent de ranger ou parce qu'ils ne manquent pas de pittoresque ou même parce qu'ils enflamment.

En résumé, nous avons dû reconnaître des locutions qui n'obéissent pas à la scientificité constitutive, ni à la valorisation ontologisante mais qui relèvent, bien que de façon mesurée et habile, du domaine du mercantile. Nous sommes réservé en présence de leur habileté mais nous retenons que les mots ne nous éclairent pas toujours sur le fond des choses, cherchant plutôt à nous circonvenir.

Conclusion

En cours de route, nous avons glané au moins trois définitions du mot, au centre de notre examen. Nous avons laissé de côté, après avoir tenté d'en dégager la philosophie, la question des noms – un monde bien différent de celui qui touche aux choses. La différence est telle qu'elle devrait justifier une nette distinction, bien que les Traités de droit n'y souscrivent pas vraiment. Pour nous, nommer une personne ne revient pas à individualiser une marchandise (par le mot).

Nous aurions dû examiner le mot et réfléchir sur lui mais à l'intérieur de la phrase : en dépit de la limitation qui l'a isolé, il a pu être tenu pour ce qui participe (indirectement) à la pluralité dans ou avec l'unité. Le mot, en effet, doit s'accorder, au moins par sa terminaison, avec le verbe ou le sujet ou le complément. Manquer à ces liens, c'est le perdre. Il doit contenir en lui ce qui le raccorde aux autres éléments de la proposition, aussi bien avec ceux qui le précèdent qu'avec ceux qui le suivent ; d'où l'alliance des parties bien identifiées et du tout qui les englobe.

Autre définition récoltée, le mot sauve la chose qu'il singularise, bien qu'elle reste rattachée à son genre : si nous l'entendons bien, il nous livre de nombreuses informations, il sert aussi à évoquer et à reproduire (une note cratylienne souvent présente) mais surtout, il élève cette chose, il en révèle l'essence. Nous n'avons pas quitté le poète qui n'a pas hésité à intituler sa conférence « Les mots ont une âme » (Paul Claudel). Troisième définition : nous avons réservé à ce mot une localisation philosophique – ni trop proche de la chose, ni trop éloigné d'elle. Il se situe entre ces deux extrêmes – tel un trait d'union entre le sensible qu'il quitte et le début de l'intelligible dans lequel il entre. Il participe, en principe, aux deux.

Mais, nous souhaitons profiter de cette conclusion pour apporter trois rectifications ou compléments à notre développement, bien que les deux premiers soulèvent problème et démolissent ce que nous avons avancé.

Nous avons magnifié le mot. En conséquence, le phonétisme a été désigné comme l'un de nos principaux ennemis, ainsi que ceux qui l'appliquent et entendent soumettre le vocabulaire et donc l'écriture à la voix. Dans cette même perspective, nous avons refusé que telle ou telle locution soit vouée à la reproduction de la chose. À deux reprises ici rappelées, nous avons lutté contre la tentation réductrice.

Est-ce que, pour des raisons de même nature, nous ne devrions pas condamner les sigles – ce qu'on obtient avec les seules initiales des composants d'une formule ? Le mot en sort diminué, réduit à une ossature abréviative ; il est devenu un mot serviteur qui, à lui seul, tient lieu de plusieurs, le mot des mots.

Nous, philosophe, ne devrions-nous pas partir en guerre

contre ces « italiconymies » et leur multiplication actuelle ? Comment ne pas reprocher à ces néologismes opaques (CNRS, UFR, SFIO, etc.) leur mutisme, leur froideur, leur aspect décharné (des écorchés ou des décapités), sans oublier leur côté souvent incompréhensible ? Ces notations sont réservées aux initiés ; elles n'ont pas eu droit au dictionnaire.

En règle générale, ces fabrications lexicales vont à l'échec. Jadis, l'espéranto, créé en 1887 par Zamenhof, n'a pas réussi ; il nous a privé de notre patrimoine linguistique et de l'« aura » qui escorte les moindres particules. Imaginons seulement que notre nom soit remplacé par l'identification chiffrée de la sécurité sociale, qui nous correspond mieux, plus sûrement que tout autre moyen (aucun risque de synonymie), mais, outre la longueur de ce codage qui, en raison de son volume, l'élimine, une pareille désignation nous enlève l'essentiel et notamment ce qui nous relie à la communauté familiale (une famille, c'est un nom). Personne n'acceptera d'être réduit à un numéro, bien qu'exact.

Faut-il alors interdire le sigle ? C'est sans doute souhaitable, en raison de son artificialité (le manque d'ancrage) et surtout du non-sens qu'il porte. Que signifie le DSM, si opérationnel en médecine ? Avec de telles constructions, on pratique une sorte d'argot, on n'entend plus ce qui est dit, on déséquilibre l'échange.

Mais, indéniablement, certains de ces sigles ont réussi, tel le TGV, bien qu'il résulte de l'accrochage de trois consonnes, il est vrai « voyellisées », ce qui assure l'accord entre elles. Il traduit l'existence d'un train qui roule à toute vitesse. Son succès est-il dû à ce que l'on use souvent de ce signalement et que l'on s'est habitué à lui, auquel cas la prouesse viendrait du « dehors » et nullement de sa conception. Mais il nous semble que ce sigle s'est imposé dès les premiers emplois, ce qui empêche la solution d'un rôle fortifié par l'habitude. L'ONU mérite une explication comparable mais, en la circonstance, l'onomaturge s'est aidé de deux voyelles, ce qui rend le sigle moins revêche.

Nous ne pouvons pas nier le fait de sigles d'exception : le Pakistan en fait parti. Ce nom est né de l'accrochage des initiales des trois pays, provinces de la confédération – le Pendjab, l'Afghan, le Kashmir, en y ajoutant *-istan*, une terminaison calquée sur Hindoustan, Béluchistan. La condensation réussie (Pakistan), au lieu de s'achever par un mot creux, nous vaut son élévation, parce qu'en persan, il signifie « le pays des purs », et comme si un second langage avait été greffé sur le premier qui se multipliait. Cette information, cette analyse, a été puisée dans l'ouvrage de M. Galliot, *La Langue de la réclame*, 1951, p. 340 ; il prend en compte les diverses manières de fabriquer des slogans.

Parmi ces derniers, nous ne saurions oublier le plus célèbre, le sigle christique, *INRI*, les initiales des quatre mots latins, *Iesus Nazarenus Rex Indæorum* – Jésus le Nazaréen, Roi des Juifs.

Nous distinguons ce sigle d'un proche, le logo – ce dernier purement graphique, servira à valoriser une institution ou, plus simplement, une « marque » commerciale.

Il en va de même pour la marque italienne, Fiat ou « Fabrique italienne d'automobiles de Turin », la fin nous gratifiant d'un lexème latin, *Fiat* ! ou que cela soit ! Que l'industrie réussisse !

Le sigle s'insère dans une culture de pragmatisme et de vitesse ; il ne permet pas que l'on s'arrête sur lui, il conduit à l'accélération tant de la lecture que de l'écriture. Avec ou à cause de son énergie cursive, nous ne pouvons pas vraiment l'évincer, encore que notre philosophie nous pousse à le déprécier.

Deuxième rectification : nous avons à plusieurs reprises traité du nom que nous réservions aux personnes ; il était opposé au mot qui concernait les choses, bien que les linguistes distinguent autrement ces deux termes, se contentant de séparer, dans le même groupe, les *n.c.* (les noms communs) et les *n.p.* (les noms propres). Nos remarques sur le langage nous ont ici conduit à atténuer l'écart entre eux parce que s'opèrent des mélanges, le nom devenant alors un mot ou l'éponymie qui envahit les glossaires, notamment les techniques et les scientifiques.

En médecine, l'éponymie s'est particulièrement répandue : la plupart de nos organes, de nos symptômes et de nos maladies relèvent de ce type d'appellation, parce que les médecins qui ont découvert les uns et les autres, ont tenu à inscrire leur nom personnel dans la description et la désignation consécutive. En anatomie, les Eustache, Fallope, Scarpa, Sylvius et tant d'autres résultent d'éponymes indéracinables qui ont même donné des adjectifs (l'abcès pottique).

N'est-ce pas là une difficulté pour notre thèse, puisque le mot (un nom substantivé), au lieu d'exhausser la chose, lui substitue un rappel, lié à son origine historique ; la désignation résulte d'un facteur extrinsèque. Et d'ailleurs, ce qui va fragiliser pareille opération, c'est que le pire ne tardera pas : les nations se livreront à des querelles sur la priorité. La cacophonie se met à entrer dans les publications ; il s'ensuit une pluie de noms différents pour un même organe ou une pathologie. Ainsi, la maladie de Basedow, en France, est appelée maladie de Graves par les Anglo-Saxons. Toutes les sciences ont été gagnées par la fièvre éponymique : en physique, il nous faudra admettre le volt (en souvenir de l'italien Volta) ou le watt (pour rappeler l'écossais du même nom), et on ne saurait oublier Ampère.

On n'accorde pas assez d'importance à cette tâche, celle qui veut fonder et organiser la nomenclature et donc évincer les éponymes incertains ou locaux. Dès la fin du XIXe siècle, les Académies se soucièrent d'unifier les termes de l'anatomie : fut publié, sous l'autorité de His, la BNA (*Basler Nomina Anatomica*) ; on ne cessera d'en obtenir la refonte. Il faut attendre le 5e Congrès international d'anatomie pour que soit imposée une terminologie mondiale ; elle sera même achevée et désignée sous le sigle PNA (*Parisiensa Nomina Anatomica*) mais l'on ne tardera pas à assister à une succession d'accords et d'abandons, les uns en restant au latin quand d'autres s'expriment en anglais ; une Commission de terminologie a même été créée afin de trouver des traductions acceptables.

N'est-ce pas ici un double échec pour l'éponyme ? Non seulement il n'expose pas le fond du réel (on préfère, pour identifier les corps et les instruments, une sorte d'étiquetage circonstanciel) mais les savants se divisent lorsqu'il faut l'appliquer.

Exemple connu, l'élément que le chimiste-géologue découvrit, en 1875, reçut le nom de Gallium puisque nous le devons à Lecoq de Boisbaudran. Par suite d'une fausse interprétation, inspirée par un nationalisme ici déplacé, on a cru que ce corps fut ainsi baptisé parce que le coq passe pour le symbole de la France (une éponymie indirecte). Et par la suite, tout ce qui relevait du nouveau reçut une dénomination en relation avec la nation de l'inventeur (le scandium du Scandinave Nilson, le germanium du Germanique Winkler).

Nous acceptons cependant « des noms devenus mots ». Nous aurions préféré parfois que ces néologismes originaux s'en tiennent à l'expressivité, qu'ils dévoilent la caractéristique majeure ou le fond substantiel d'un corps, mais nous nous réjouissons aussi de la présence d'un éponyme qui sème, parmi les termes savants, des miettes de nature sociale, historique et même nationale. Le genre éponymique corrigerait l'habituel, l'ésotérique, encore que donner un nom n'implique pas que l'on connaisse le responsable, celui dont la méthode inventive a réussi.

Aussi, nous n'aurions pas dû nous arrêter sur le sigle et sur l'éponyme – deux concurrents du mot qu'ils n'égalent pas, bien que certains d'entre eux méritent l'examen.

L'autre et troisième ajout à notre conclusion porte sur un

tout autre thème, car nous n'avons pris en compte que la prose, alors que le poétique va bouleverser le mot (au centre de notre réflexion) et nous en révéler d'autres possibilités.

Dans le langage habituel – la prose – le mot est plié à un office, mais, dès que ce dernier a été assuré, il disparaît. Mais quand joue la versification, le mot conserve précieusement la parole. Nous reprenons ici la thèse de Valéry qui devait insister sur la différence entre ces deux statuts. Valéry voit même dans le parler ordinaire un décalage entre la voix et la pensée. Pour mieux louer et pathétiser le poétique, Valéry a cru bon d'abaisser la prose. Mais il n'a pas toujours soutenu ce point de vue : « Vous avez certainement observé ce fait curieux que tel mot, qui est parfaitement clair quant vous l'entendez ou l'employez dans le langage courant… devient magiquement embarrassant, déjouant tous les efforts de définition aussitôt que vous le retirez de la circulation pour l'examiner à part et que vous lui cherchez un sens après l'avoir soustrait à sa fonction momentanée.[1] »

Oublions cette oscillation. Dans la poétique, la relation, la fusion même entre le signifiant et le signifié passe de l'information au musical. En conséquence, le poème ne nous propose rien d'autre que lui-même et n'est pas voué à une quelconque fonction.

Le grand peintre Degas dit un jour à Mallarmé : « Votre métier est infernal. Je n'arrive pas à faire ce que je veux et pourtant je suis plein d'idées. » Et Mallarmé lui répondit : « Ce n'est point avec des idées, mon cher Degas, que l'ont fait des vers. C'est avec des mots.[2] »

Il est clair que le mot, pour mener cette aventure, s'est métamorphosé. Valéry lui a confié le soin d'empêcher la disparition (après l'usage, ce qui l'instrumentalise) ; aussi faudra-t-il en ap-

1. P. Valéry, *Œuvres* I, « Bibliothèque de la Pléiade », Gallimard, 1957, « Poésie et pensée abstraite », p. 1317.
2. *Ibid.*, p. 1324.

peler à des règles de production, déjà celle qui table sur l'assonance ou la répétition du même, l'homophonie interdite à une prose qui ne cessera pas de varier les sonorités. La rime relève du contraire : le rythme, un certain balancement. Mieux, l'alexandrin classique sera parfois divisé en quatre (quatre fois trois syllabes) tandis que la prose, toujours à l'inverse, alternera les énoncés longs et les courts. Il faut surtout comprendre que le retour du même (une forme cyclique, quand celle de la prose est linéaire) nous conduit à attendre un retour et donc assure par là sa maintenance.

Ce n'est là qu'une des particularités de la poésie (la maintenance) ; nous en proposons une rapide illustration qui nous aidera à discerner une autre caractéristique que nous devons à la rime :

Sous le pont Mirabeau coule la Seine
et nos amours...

Apollinaire dramatise la scène du souvenir. À cet effet, il rompt avec l'ordre grammatical, inversant le « S est P » puisque le complément de lieu n'est plus situé à la fin mais au commencement. Alors, que s'est-il bien passé sous le pont Mirabeau ? Plus, une phrase banale forme un tout, dont les composants s'accordent. Or, le vers casse ici cette unité, d'où le triomphe de l'agrammatisme : en effet, pourquoi le verbe (*coule*) ne se conforme-t-il pas au pluriel de son sujet (nos amours), car le « *et* » qui lie la Seine et les amours prouve bien l'association mais aussi permet que l'on saisisse la déconstruction (*coule* au singulier).

Avec la rime, le mètre, la périodicité, l'enjambement, l'allitération, la désunion, nous est proposé un autre langage, encore qu'il utilise les éléments de l'ordinaire. Par la suite, syllepse et anacoluthe nous éloigneront encore d'une prose monolithique, asservie à une tâche.

C'est pourquoi la poésie devrait pouvoir nous guérir d'un langage trop réglementé et trop asservi ; aussi souhaitons-nous l'intégrer à l'enseignement, dès le commencement de l'école. Par là, elle corrigerait, grâce à cette néo-pédagogie, la domination d'une orthographe mal conçue.

Nous rappelons que nous avons préconisé l'apprentissage de celle-ci, mais à la condition que son étude précède les exercices d'évaluation. Or, c'est rarement le cas, cette « dictée » devenant vite un faux et dangereux critère de compétence et de savoir ; elle avantage ceux qui appartiennent, dès leur naissance, au monde du culturel. Nous approuvons les contestataires qui la mettent franchement en cause ; nous ne la réhabilitons que si le maître a pu rétablir pour elle un commencement de rationalisation. Nous indiquons, dans une annexe, ce que nous recommandons ; nous prenons acte de ce que la poésie renouvelle « la science du mot » (une onomastique philosophique), libérant ce mot de ses fonctions et l'autonomisant, puisqu'il sera lu et entendu pour lui-même.

Annexe I

Au risque de soulever l'indignation du philosophe, il me semble juste de répondre à cette question qui se pose à la fin d'un examen : à quoi peut servir ce que nous avons écrit ? Ne voyons pas là une demande simplement utilitaire, mais plutôt la possibilité ou mieux l'obligation de retirer des fruits d'une théorie dont on prouvera la fécondité.

Nous souhaitons, en conséquence, proposer au débutant de quoi éviter « l'échec scolaire » et l'aider à entrer dans l'étude de la langue (et de la terminologie), d'autant qu'un tel apprentissage conditionne le reste. Il devra même procéder à l'analyse de mots, puisque tous résultent d'au moins trois opérateurs :

1/ Une base étymologique, mais celle-ci, à son tour, appelle elle-même une étymologie plus ancienne, d'où une étymologie de l'étymologie.

2/ L'usure qui, peu à peu, modifie ou lisse ce mot, à tel point qu'on le reconnaît à peine.

3/ L'influence des familles lexicales, il en résulte des analogies entre les proches.

Le rappel, l'usage de ces facteurs ne passionnera pas, aussi, conseillons-nous un travail plus attrayant :

a) Ramasser d'abord, en quelque sorte, les vocables nouveaux qui entrent sur la scène et qui déroutent.

b) Rassembler surtout les termes d'argot qui ne cessent d'inonder les conversations ; on devra les interpréter et aussi les démonter.

c) Recueillir les « mots ambigus » qui contiennent en eux aussi bien le pour que le contre (constituer une *amphibologie*).

d) Repérer, non sans plaisir, dans la langue, les mots tirés d'une autre langue que celle dans laquelle on a été « élevé » (l'arabe pour les immigrés venus d'Afrique).

e) Autre possibilité ludique : d'abord, nous éliminons du groupe des vingt-six lettres de l'alphabet les purement grammaticales ou celles qui sont dues à des emprunts étrangers (les x, y, w, z). Il en reste une vingtaine. Il s'agit de construire des termes inconnus grâce au jeu alternatif des consonnes et voyelles (éventuellement géminées). Il convient de construire le langage de l'avenir.

Moins opérationnel, non seulement nous pouvons inverser les syllabes mais, à la manière des lettristes, nous supprimons l'une de ces lettres (le dégraissage) afin d'assurer des mots toujours révélateurs et cursifs.

Nous recommandons surtout de prélever des mots dans les manifestations culturelles rudimentaires – les chansons des rues, les articles d'une presse peu regardante –, les disputes ou même les discussions entre des adversaires, ou encore, pour pimenter ce programme, retenir quelques termes moins académiques. Qui ne serait pas intéressé par un vocabulaire qui donne parfois dans l'impudique ou joue seulement d'insinuations et de sous-entendus ?

Chaque débutant entrera, tôt ou tard, dans une sorte de

spécialisation : ne devrait-il pas constituer une espèce de lexique en relation avec sa passion ? L'essentiel veut qu'il soit sensibilisé à certains mots employés. Nous ne doutons pas que les progrès dans le vocabulaire (dit « de base ») et son interprétation se réfléchiront sur tout le reste, puisque penser, c'est toujours parler avec soi-même.

Nous ne connaissons pas de formule plus topique que celle de Platon, dans le *Cratyle* : « Connaître le mot, c'est connaître la chose », même si un tel adage peut être discuté et relativisé. L'autre formule que nous privilégions vient de Lavoisier qui va loin : « Une science n'est qu'une langue bien faite », bien que le chimiste n'ait pas appliqué sa propre définition – il est vrai particulièrement ambitieuse. Nous retenons ces deux maximes dont nous nous sommes d'ailleurs inspiré.

Annexe II

TOUS LES PROBLÈMES n'ont pas été abordés. Il en est un qui me tient à cœur. Il prolonge d'ailleurs ce qui a été préalablement écrit relativement aux nomenclatures technico-scientifiques, le fameux projet lavoisien, même si nous sommes obligé d'en limiter la portée.

La science jouit d'une particularité enviable : elle doit, en effet – et par principe – pouvoir se doter d'une terminologie universelle et rationnelle, puisque son vocabulaire renvoie à ce qui a été vérifié (le substantiel). On pourra, par la suite, l'enrichir, mais on ne saurait l'abandonner. Les langues vernaculaires ne peuvent se prévaloir de cette fusion inentamable entre le mot et tel ou tel corps ou instrument, puisque chacune d'elles correspond seulement à une perspective singulière (et non pas au tout de la chose). Elle relève aussi d'une culture, elle-même en liaison avec un territoire, ce qui la relativise en partie.

Mais comment transcrire le vrai et avec quel langage ? Longtemps, le savant a pu s'exprimer en latin – un vocabulaire, une phonation, une écriture qu'adopta l'Europe et bientôt la plupart des pays de la planète (l'universel).

Toutefois, les pays du Nord cherchèrent à s'émanciper de ce joug langagier séculaire, parce que la religion chrétienne (romaine) avait annexé ce latin. La Réforme forgera, en conséquence, des néologismes à partir du grec ancien ; on gagna à s'adosser à des racines mortes, donc non évolutives ; et un tel changement ne pouvait plus servir une nation au détriment des autres, puisque les nouveaux idiomes supposent un monde disparu, à la différence d'un latin trop envahissant. Notons encore que Descartes qui publia ses *Méditations métaphysiques* en latin (en 1640) les réédita en français en 1649 ; il a eu recours aux deux registres. Ou plutôt, il quitte l'un pour l'autre.

Au XXe siècle, l'anglais a pris la relève ; il se pratique internationalement ; il nous faut bien reconnaître sa richesse désignative : il suffira, pour s'en convaincre, de compter les mots d'un dictionnaire de cette langue ; dans certains domaines, du moins, ils excèdent ceux de la plupart des autres vocabulaires. Mais nous nous demandons si ce langage de tous (instrumentalisé) ne convient pas surtout à l'économie, à l'échange et au commerce. En toute hypothèse, il assure une domination qui s'aggrave d'autant plus que ce pays n'adopte pas les mêmes conventions, admises par tous les autres, relativement aux poids et mesures. Et chacun en voit bien la raison.

Et celui qui a gagné la bataille des dénominations (le monopole linguistique) l'emportera ailleurs, sur tous les plans.

Comment s'y opposer et que mettre à sa place ? Quelle stratégie adopter contre un tel impérialisme ? Nous ne voyons pas de réponse plausible avec les langages artificiels (Fortran, Cobol, etc.) parce que cette idiomatique manque déjà à l'obligation de faciliter le rappel, ainsi que la prononciation. On prive les mots nouveaux de leur « aura », de leur passé ; on leur enlève leurs racines.

Il est vrai qu'ici nous évoluons dans l'opérationnel, nullement dans le substantiel que nous avons tenté de cerner : on ne peut pas demander au premier ce qui est quasiment réservé au second, mais la dissociation ne plaide pas en faveur d'un système où les néologismes (les algorithmes) sont dépouillés de leur contenu sensible (ils ne servent qu'à numériser et à faciliter les transformations calculiques).

Nous nous heurtons à un mur, puisque nous ne voyons pas de langage susceptible de valoir et pour tout et pour tous.

Mais le ministre de l'Éducation vient de souhaiter, afin de régler ce problème, que tous les élèves pratiquent le bilinguisme (leur langue et l'anglais). Nous nous alignons sur cette solution, mais à la condition d'éviter un risque : s'il faut parler anglais, que cet apprentissage soit retardé car il convient d'assurer prioritairement les bases de notre langue, avant d'entrer dans d'autres modes d'expression. Empêchons un usage prématuré : il ne faut pas que l'une de ces deux langues (destinée aux échanges commerciaux et aux communications techno-scientifiques) s'impose à l'autre, la détrône – ce qui nous vaudrait d'ailleurs un patois inaudible, comme si un troisième langage allait sortir du cafouillage des deux autres (le franco-anglais).

Ni trop tard, ni trop tôt, nous ne saurions indiquer le moment idoine pour cet exercice, ni ce qui doit le servir (le nombre d'heures d'enseignement, ou la qualification des maîtres, ou les séjours linguistiques). Nous ne souhaitons pas que la seconde langue se substitue par trop à la langue maternelle ; nous ne voulons pas qu'elle l'altère ni en conteste l'indispensable présence, ce qui conditionne le reste, toute la scolarité et même, au-delà de celle-ci, la personnalité de celui qui l'a parlée en premier.

Achevé d'imprimer en août 2008
sur les presses de l'imprimerie Chirat
42540 St-Just-La-Pendue,
pour le compte des Éditions Les Belles Lettres
collection « encre marine »
selon une maquette fournie par leurs soins.
Dépôt legal : août 2008 - N° 1904
ISBN : 978-2-35088-000-6